豈看文章驚海內

更攜書劍寄天涯

龔鵬程

墨林独步

堆墼水墨戲無端　快擬雄

文肆一歡衰樂看生方有待

庭前苍發破禅

瀾

龔朋程

道心明玉鏡

春色散朱霞

萊州摩崖或云鄭道昭書方圓並濟之筆七朏林

今情

读书是一种诡异的交互

龚鹏程　著

海南出版社

·海口·

图书在版编目（CIP）数据

今情：读书是一种诡异的交互 / 龚鹏程著 . —— 海
口：海南出版社，2023.1
（龚鹏程文选）
ISBN 978-7-5730-0858-9

Ⅰ . ①今… Ⅱ . ①龚… Ⅲ . ①中华文化 – 文集 Ⅳ .
① K203-53

中国版本图书馆 CIP 数据核字（2022）第 221663 号

今情——读书是一种诡异的交互

JINQING——DUSHU SHI YIZHONG GUIYI DE JIAOHU

作　　者：龚鹏程
出 品 人：王景霞
策　　划：彭明哲
责任编辑：张　雪
特约编辑：蒋　浩　田　丹　李茗抒
封面设计：unclezoo
责任印制：杨　程
印刷装订：北京雅图新世纪印刷有限公司
读者服务：唐雪飞
出版发行：海南出版社
总社地址：海口市金盘开发区建设三横路 2 号　邮编：570216
北京地址：北京市朝阳区黄厂路 3 号院 7 号楼 101 室
电　　话：0898-66812392　　010-87336670
电子邮箱：hnbook@263.net
经　　销：全国新华书店
版　　次：2023 年 1 月第 1 版
印　　次：2023 年 1 月第 1 次印刷
开　　本：787 mm×1092 mm　1/32
印　　张：8.25
字　　数：161 千字
书　　号：ISBN 978-7-5730-0858-9
定　　价：48.00 元

目 录

传统文化进校园刍议 …………………………………………… 1

国学时代的隐忧 ………………………………………………… 17

整理国故之"厄尔尼诺现象" ………………………………… 22

清明如何祭黄帝？ ……………………………………………… 37

读经之争 ………………………………………………………… 44

中华文化现在面临文化断层？ ……………………………… 52

后真相时代的社会语文学 ……………………………………… 69

中国已无文采 …………………………………………………… 87

现在对数学的重视程度是中国历史低谷 …………………… 98

文化能不能振兴城市？ ……………………………………… 109

成为中国 ……………………………………………………… 123

环境难民的自我救赎 ………………………………………… 133

奇葩速记法太无聊，但记忆有术可循 …………………… 150

"文言文"与"白话文"都是生造词 ……………………… 161

我的中国文化史继承情况 …………………………………… 169

我在什么样的翅膀上飞翔 …………………………………… 188

西方正典…………………………………………… 204

读书是一种诡异的交互…………………………… 215

为什么有时读批注更胜原著?…………………… 225

推荐梁启超的《作文入门》……………………… 248

传统文化进校园刍议

　　优秀传统文化进校园，现在对于老师、学生、家长来说都已经是非常熟悉的话题了。但课程开发散乱、教学形式单一、教师素养欠缺等问题非常严重。形式上"传统文化每周一课"之类，流于点缀；方向和内容上，偏重国风（民风民俗、吃穿住行）、国艺（武术、戏曲、艺术）、国技（民间工艺、传统技术，如抖空竹、吹葫芦丝、做陶艺作品等），加上走进当地博物馆、名人故居、名胜古迹，拜访当地民间艺人等。其实浮光掠影，不达根本，很令人担心。到底该怎么做，且让我提点想法。

一、传统文化在校园的处境

我读的是现代化的学校，并未受过私塾教育。但自幼在家中已习得一些基本文史知识。入小学后，得逢黄灿如老师，她命我每晚去她家中温习功课，功课做完，就在她家随意泛览诗文章回小说。寒暑假则要我午后去她宅中背诵《孟子》《论语》等。这样的经历，似乎也略同于古代之私塾。

后来我读了初中、高中、大学、硕士、博士，当然习得了许多其他的知识，不局限于上述传统文化内容。我也从事过许多行业，编过杂志、做过出版、当过官，还办过几所大学。但从小所受到的那一点传统文化教育，实在一生受用不尽，远胜于后来学到的其他知识。

因此每想起小学老师，就心怀感激。每听一些没读过什么古代典籍、没机会自幼受传统文化熏陶的人在咕哝读多了古书会不会食古不化、会不会不适应现代社会之时，便心生怜悯。因为这些可怜人从来没尝过龙肝凤胆，竟兀自惊疑吃了会泻肚子呢！

但我自己学习传统文化的经验，也令我深知社会上对它的质疑其来有自。

像我读书时，整个教育体制其实就是一套迥异于传统的现代格局。这个格局始于清末之教育改革。废科举、立学堂，遂把中国几千年的教育体系一并废了。而新学堂里，唯新是骛，那些传统文化、圣经贤传，巴不得全丢进字纸篓里去。

因此光绪二十九年（1903年）《奏定学堂章程》已说道：当时社会上正弥漫着"唯恐经书一日不废"的舆论气氛。清政府对此，怵焉忧之，故刻意在中小学堂上列了读经之课，以免诸生忘本。可是时世潮流所趋，非人力所能阻挡，清朝迅即灭亡，民国元年（1912年）便废了小学读经。此后袁世凯于民国四年时曾准备恢复，旋因称帝不成而不了了之。民国十四年，段祺瑞执政，章士钊任教育总长，又拟恢复。亦不果。可见时势风气之一斑。

这段时间，恰好也是五四运动掀起反传统浪潮的时代。整个社会都朝西化的路子在走，并把西化称为现代化，视传统文化为现代化之阻碍。

直到民国二十年才渐渐出现反省批判这条新路的气候。当时国民大会召开于南京，即有代表提案希望恢复读经，但提案依然没能通过。民国二十一年，钱锺书的老爸钱基博去上海开高教讨论会，提案读经，也大遭与会诸校长之耻笑。足见新潮仍居主流。可是反对者毕竟多了，广东、湖南不遵中央号令，自行规定学童须得读经，虽被新派人讥讽是军阀提倡读经，但新潮权威看来业已遭到了挑战。民国二十四年遂有十位教授之《中国本位的文化建设宣言》，认为中国固然应与世界交流，却也不能邯郸学步，失其本我。

后来的思想界，大概仍延续着这样的脉络。新潮鼓荡，继续涤除前进的障碍，终于酿成"文革""破四旧"对传统文化大革其命。可是冲过头了，渐渐又起了反省的声音，欲拨乱而反正。2004年许嘉璐等人发表的《甲申文化宣言》，不就像十教授《中国本位的文化建设宣言》的翻版吗？儿童读经渐渐蔚为时尚，乃至有所谓国学热，亦均代表对反传统浪潮之批判反省。

台湾在大陆"文革"期间，曾推行着"中华文化复兴运动"，但当时文化界、学术界主流其实一样是扬"五四"之大旗，力行现代化的。故20世纪60年代即有中西文化论战。情况犹如现今大陆虽不乏倡言本位文化，呼吁读经、重视传统文化的，可是主流的现代教育体制对此仍乏响应，且不少人还指责那些提倡读经、讲传统文化的人是"走向蒙昧的文化保守主义"。

也就是说，整个传统文化，近百年间都是在不利的环境下挣扎着发展下来的。主流思潮与体制乃是现代化教育，大部分时间均主张灭绝或扬弃传统文化，少部分企图扭转局势的宣言或动作，迄今尚未真正改变这个格局。

二、传统文化教育的不利因素

因此，我们现在从事传统文化教育，除了整体环境不利之外，还必须面对许多历史留下来的问题。

例如，现今小学教育是以白话文为主的。大陆的教本几乎没有文言文，台湾是在五、六年级时融入文言，中学时才渐渐增多，比例由百分之十五渐增至百分之三十五。可是不管如何，文言与白话在现代是分裂的，学习者面对它们时的认知、心态、学习方法都不一样。

这种文言白话区隔为二的现象，是"五四"白话文运动后才有的。古人不会如此。一个人既看古文八大家的篇章，也同时看着通俗章回小说。讲话时，对上层人士自然之乎者也，与佣仆市井人士言谈，则一样要使用白话，整个语言是交织揉混在生活具体情境中的。我们已经丧失了这种情境。因此文言文仿佛就需刻意去学才学得成，且文言好像也与白话是隔断的两套语言系统，所以两者间竟然需要"翻译"，仿若外国文字一般。

说到文字，也是问题一箩筐。近代新思潮之一就是检讨批判汉字，认为汉字不科学，不改革不足以使中国现代化，所以从国民政府时代就推行简体字，大陆后来更厉行文字改革，一度准备废除汉字，走上拼音化道路。如今虽悬崖勒马，不再继续改革，可是仍维持着简化字，并把它称为"规范字"。小学教学基本就是使用这套文字。

但以这套文字来教小朋友识读应用，实在问题重重。目前大陆规定一、二年级要认八百至一千字，三、四年级要认两千五百字，五、六年级要认三千字，大部分还得会写，数量比台湾还多。台湾的小学生大抵只要求认两千二至两千七。而且据大陆所定国民常用字表看，常用字只有两千，因此小学就得学三千字恐怕太多了。不过这并不打紧，要命的是字太难认。

如"師"，现在写成"师"，左右两部分在现代汉语词典中都不是部首，请问要查什么部？"頭"，本来在页部，现在写成"头"，请问查什么部？"葉"，本是草木枝叶，故在草部，现在变成了"叶"，该查口部吗？"衛"，现在成了"卫"，查什么部？"聖"，现写成"圣"，又像怪人，又像老土，查什么部？"門""開""關""闢"，本来都跟门有关，如今"开""关""辟"都把门给拆了，查什么部？"塵"，本是尘土，今写成"尘"，竟在小部，不再是土了。"聽"，本是用耳朵才能听，今写成"听"，竟在口部，不再用耳了。"傑"，本是人杰地灵之杰，今写成"杰"，竟被火烧，放在火部，不再是人了。"亂"与"辭"，本皆与丝有关，是用手梳理乱丝之意，现在变成"乱"与"辞"，一在辛部，一在舌部，不再看得出关系了。"對"，义类在手；"勸"，义类在尹；"歡"，义类在欠；如今改成"对""欢""劝"，全放在了又部……诸如此类，实在是一团混乱，义类不明，归部不清，小朋友识读时只能一个个去死记，因为部首归字的原则已遭破坏，许多地方无法用部首识字法去辨识和记忆。

你或许要说我把问题夸大了，全国上亿小学生都这么读，情况没那么严重，部首归这归那，熟悉了就好。

是吗？我看到过一本教人如何教小孩子识字写字的教材《现代小学识字写字教学》，里面就把"欢"字既放在又部又放在欠部；把"辞"字一会儿放在辛部，一会儿放在舌部。可见就是专家学者也闹不清楚，小朋友能不犯糊涂吗？

简化字使得部首识字教学困难，情况既如此，改用其他教学法会好些吗？恐怕也一样。例如字族识字法，"青""清""请""情""晴"都以"青"为其中构成，形成一组字，认得了"青"，也就可连带认识这一串字，这称为字族识字法。

可是我也见过一本推荐这种教学法的书，把"清""请"都印成了"清"。因为言字旁简化后，几乎绝对会跟三点水相混。

目前小学里还常用"字理识字法"或"部件识字法"来教学，可是汉字简化以后字理就难讲了。像"廣"，本是形声字，黄声，今改为"广"，形声之理便不可说。而且"廣"字乃是"尼姑庵"之"庵"的本字，弄得《红楼梦》里大家去赏芦花的"芦雪庵"，小朋友读来老以为是"芦雪广"。又如"廠"字，现在把"廠"里东西都搬空了，变成"厂"，字理亦不通。"進"，本是一小鸟跳跃前进之貌，如今竟是一口井跳跳跳。"壓"，从土，厌声，今作"压"，既非土，又不见声。"兒"，象形，象小孩脑袋特别大之形，而且小孩子脑上囟门未闭，故以此为特征。现写成"儿"，也全无字理可说。

这些困难，教过小孩子的人便能体会。几次政协会议期间，许多委员提案，希望在小学里恢复教繁体字。可惜历史留下的伤害，修补起来是挺费事的，矫枉需要时间，急也急不来。

而传统文化教育在这样总体不利的情况下进行，困蹇可知。因此目前传统文化教育仍只能采取补充、辅助之方式。

例如教识读书写，以简化字为主，略辅以传统汉字之识读；阅读篇章，以白话为主，略辅以文言文或传统典籍、诗词等；教材教本，以现代教育体系规范者为主，而传统文化教学放在有心的学校自编教本中去发挥；正规课堂，依国家规范教学，传统文化教学多放在课外补充……现在各中小学的所谓传统文化教育、儿童诵读，不都是这样吗？

不是大陆现在才如此，我当年在台湾读中小学时基本也是如此。

黄灿如老师固然教我课外大读诗文典籍，可是她绝不准我们上课时看。一次我同学在课间读《水浒传》，她发现后，竟一把抓起那么厚的一本书，啪，撕成两半！这个动作，令我毕生难忘，也使我充分理解到传统文化在现在教育体制中卑微的地位，只能以辅助、补充、课余的方式为之。

且纵使身为辅贰，也不能太过招摇。就如现在的口号"让优秀传统文化走进校园"，在传统文化上面刻意加了个限定符：优秀。这就预存了一个观念和心态：传统文化有精华也有糟粕，我们不复古，也不拟全面恢复传统文化，只是挑选一些优秀的传统文化进校园去教教小孩子而已。

这不是为了防止被批评、被质疑，而预做防范，或根本等于告饶吗？传统文化是否为优秀，评判的标准又是什么？

若以现代教育尺寸去挑拣、去过滤、去筛选，那又何必再去进行什么传统文化教育呢？

传统文化教育目前看起来热闹，可是实际处境如此，能不令人感慨吗？

三、传统文化进校园的意义

要让传统文化走入校园，恐怕不能仍用此等办法，势必涉及百年来现代化教育之反省与改革。

现代化教育是在改革传统的情况下出现于历史舞台的，但废科举、立学堂以来，到底功过如何，实不能一无检讨，就闷着头继续呆呆往前冲。

这种检讨与批判反省，在外国是很多的，在吴宓、梁实秋受教于哈佛的白璧德那个时代，美国学者就对这套新式教育体制有诸多不满，不断推出改革方案了。

例如现在的教育，基本上是大、中、小学各几年，一层层读毕业了，到大学毕业为止。可是中国古代就没有所谓"毕业"这回事，顶多可说学艺"出师"而已。这是因为求学是一辈子的事，活到老学到老。现代学制设计毕业之法，则是只把学习看成是人生一个阶段，是就业的准备。过了这个阶段就要学以致用，去社会上工作了。因此学习只是就业工作之工具，并只有青少年才要就学。

这样的设计，在近三十年备受批评，所以才有"终身学习""建立学习型社会""素质教育""通识教育"等观念与新教育措施不断出现。而这些改革，又不约而同地回归或呼应了我国传统的教育观。因此，我们应该注意这种传统文化对现代社会的批判改造功能，而予发挥出来。

在小学教育中实施"儿童诵读"，即属于这类工作。

过去，学者皆痛批传统的背诵方法，认为徒耗脑力去死记，桎梏性灵。故整个小学教育均以唱游、兴趣为主导，以致语文教育缺乏思考内容，也缺乏文学美感。可是批评者忘记了：

1. 儿童的记忆能力之黄金时期便因此而浪费了。

2. 儿童记诵的功能不只是记忆。少小记得并接触优美的文章与深刻的思想，自然对此产生熟悉感、亲切感，对其人格养成也必会有帮助。这道理，就跟一个小孩自幼生长在书香门第中，所见人物皆谈吐文雅、彬彬有礼，其人格陶铸自必不同于生活于市井俚俗中的小孩一样。孟母三迁，择其邻也。邻之道德善否，小孩子未必能懂，但日日濡染于此，不难与之俱化。经典诵习，功能同此。

3. 小孩子诵读经典，固然不会完全了解，也不求其了解，但不了解就不能体会文学美感与思考内容吗？我小时读《论语》《孟子》《易经》，就深被其思想性所吸引，读《诗经》及一些古文，亦辄为其铿锵顿挫、辞采斐然所吸引。这是读现在小学课本所根本达不到的效果。

法国作家纪德有首《回旋曲——颂我所焚毁的书籍》，一开头就说"有些书供人坐在小板凳上，坐在小学生的课桌前阅读"，把小学课本视为头一项该烧掉的书。斯言虽显偏激，但忘掉跟烧掉又有什么差别呢？现在的小学课本，大家恐怕都是忘了的。既然如此，那为什么不让小朋友读点经典？

换言之，实施经典诵读，实质上乃是对现代小学教育之质疑。我们正是因为感觉到现代小学教育有问题，所以才提倡经典诵读以补救之。

当然，只读经背诵也是不行的，我没这个意思。恰好相反，我提倡歌诗、习礼，先于诵记。

四、传统文化进校园的方法

（一）

把这个问题扩大看，我们自应将传统文化内容纳入正式教材中。目前大陆在辅助型学习中实施的传统文化教育（例如校编教材等），业已不逊于台湾，某些地方甚至胜于台湾，差别在正式课程与教材。

过去大陆的小学教本，基本上并无文言文，即使是中华书局的《中华活页文选》也一样。台湾的小学，教学目标则是"培养学生有效应用中国语文，……进而提升欣赏文学作品之能力，以体认中国文化精髓"，所以传统文化比重较高，四至六年级也要求学生能主动阅读古今文学作品，教材则融入文言文。

中学时，文言与白话之比例，要由百分之十五递升至百分之三十五。到高中，语文教育目标定为"培养阅读文言文及浅近古籍之能力"，所以文言的比例是一年级百分之四十，二年级百分之四十五，三年级百分之五十。这个比例，似乎也高于大陆。而更要说明的是：

1. 这是台湾在陈水扁当局"去中国化"政策下新的课程纲要规定，平均文言占百分之四十五，从前则高达百分之六十。

2. 除了百分之四十五，还有百分之五的弹性空间。故若书局愿意，尽可再增编属于文言的内容。

3. 这个比例诗歌并不计入。另外白话部分也可以选古代接近白话之作品，例如《红楼梦》《水浒传》等。故若把这些合并计入，比例自然更高。

4. 即使如此，台湾学界教育界对此仍颇不满。因此余光中、张晓风等作家发起"抢救国文"运动，呼吁不可轻率降低文言文的比重。

5. 除了语文课本外，高中生尚需读《中国文化基本教材》，内容实即《论语》《孟子》。语文课本中，每册也都有一课文化经典教材，以《论语》《孟子》《老子》《庄子》《韩非子》《墨子》为范围。每册又都还有一到两课古典诗词。所以即使是在目前课程纲要已改的情况下，学生能由正式教材中获得的文化经典教育也还不少。

在大陆，目前教育体制中，教材及其体例仍是主导学生对传统文化认知的主要途径，要想发扬传统文化之美，就须改革现行教材，让传统文化能体现于教材中。体现的方式，一是整体架构，也就是课程纲要，二是具体选文。

目前这方面已经进展很快了，吾人掬诚欢迎。

（二）

但调整了教材框架，多选适当文化经典进入教材是否就够了？当然不是！

现下谈文化传统教育，好像主要就是语文课的改造，像上面谈的大体就都是语文课的事。但传统文化教育只应限于语文课吗？

目前把传统文化教育局限在语文课中，正是一大弊病。事实上，传统文化应该纳入音乐、数学、工艺、地理、历史、物理、化学等各种科目中才是。否则就会像现在一位受过大学教育乃至读了硕士博士当了教授的人一样，对中国的音乐、工艺、数学、化学等，一概茫然。

现在小孩子从小学的音乐课、接触到的乐器、知道的乐理及音乐知识，基本上都是西方的，对于中国音乐，可说不识之无。一般家长让小孩去学音乐才艺，大抵也以拉小提琴、弹钢琴、参加合唱团为主。中国古代如此丰富的音乐文化，在现代学生的知识结构中丝毫不占地位，岂非现今教育体制之过？

再说科学。现代人无不认为中国科学是不如人的，数理化教学内容中也完全看不到中国在这些领域曾经有过什么贡献。

可是，古代中国科学其实长时间领先于全世界，对人类文明发展深具影响。例如数学，汉代已经知道解任意多元一次联立方程式，欧洲要到16世纪才能解三元一次方程式，相差不可以道里计。开平方根、开立方根，早见于《九章算术》；开任意高次根，则在宋代也已能解出，五百年以后西方人才能解。而等差级数求和，早于西方五百年；求一元高次方程式数解值，早于西方八百年；求圆面积、圆周率3.14159265，早于西方一千多年……其他如化学、物理、园林建筑、工艺美术各领域，多的是这类事例。此等优秀传统文化，自当融入课程与教材中。

如此全面改造现有课程内容，还有个重要作用：现在只把传统文化教育放在语文课中教，使得一谈到传统文化，似乎就只是道德格言加上诗词，越教越令人倒胃口，而且与其他课程格格不入，毫不相干。其实传统文化内涵丰富，不能只局限在语文课或公民道德课。

（三）

公民道德课中加入传统文化道德的教材，当然也是应当的。然而，更重要的，还应在教材之外建立一种具中国文化意识的校园生活，让师生可以在具体的伦理情境中体会到中国人传统上所拥有的伦理态度，例如师生伦理、同侪间之应对进退。

以语言来说，我就亲耳听到倡导传统文化教育的先生大谈现今应如何抓精神文化、抓活动文化、抓制度文化；或把什么什么搞活、搞上去、搞什么。语言如此粗鄙，正是反传统之一大表征。传统文化总是教人："出辞气，斯远鄙倍矣！"语言应该是有美感、能表现人之文化素养的。这在校园生活中便可以养成。传统文化教育，不是只有记诵和考试而已！

（四）

最后，我想谈谈几个现今教育的误区。

一是英语教学，占了小孩子太多时间。从幼儿园起，许多小朋友就被迫学习英语，家长教师亦往往重英语而轻国学。实则小孩子备多力分，花了太多气力在英语上面，中国文化的根基自然不牢固，这是不消说的。那些小时囫囵吞枣、牙牙学语而学来的英语，到大了以后，更不可能获得如"儿童读经"般的效果，因为一傅众咻，自然忘得精光，也绝不可能学得好。

我曾讲过，自幼学英文是我们民族最可悲的精神浪费。世上那么多人后来去德国、法国读了博士，当了教授，可谁是从幼儿园起就读德文、法文的？要想去德国留学，德国也根本不要求你念过德文或是不是德文系毕业。什么都不懂的人，去德国后，进歌德学院修读半年一年语言，即可入大学去听课了。语言教育，需要环境，在中文环境中，苦学十数载英语，效果往往还不如那一年半载，徒然浪费精力与金钱罢了。主持中小学教育的朋友，务请在这一点上弄清楚，勿徇流俗风气或家长无脑子之要求而犯糊涂。

其次，小学教育切勿揠苗助长。许多人都误信一句广告词，"不要让你的孩子输在起跑点上"，所以从小就拼命填塞，让小孩学英语、学才艺，学这学那，贪多务得。国学热一来，自然也要让小孩背诗背词，以炫耀于邻里亲族之间。结果制造了一堆假天才，而把小孩子的兴趣全弄坏了。其实，赛跑谁去管起跑点呢？人生是看终点的。养成小孩子的基本能力，如语文、数学、思辨，才是让他能走长路的配备，不能急功近利。

再者，文化着重教养，这也有待长期之润泽陶冶，可是如今这个目标往往迷失，传统文化教育有才艺化、游乐化，乃至竞赛化的倾向。这是危险的，在布朗·科赞尼克《艺术创造与艺术教育》一书中，曾区分美术教育有四个传统，一是把美术教学定位为一种专门技巧，二是把美术教学视为对职业人才之训练，三是为了心灵之需求去学美术，四是为了理解自己及他人而学美术。目标不同，教学方法与观念自然迥异。目前传统文化教育之才艺化，即第一种形态，甚为普遍，而且常以才艺竞赛、考试的方式为之。动辄评奖、评选精品课程。许多学生读传统文化，就为这个；许多学校推动传统文化教育，也为了这个。教育能不能这样，不用我说，大家应该都知道！

国学时代的隐忧

中国学问重体验、讲修证。对不对？

对！但近年国学复兴，却有不少人在这一点上误入歧途，或借此骗人。

例如有许多所谓大师，开讲坛、发行讲录，信众云集。所讲虽常被学术界指出错误，可是信徒们不但不劝他修正，更不以为他真有错，反而说大师有亲行实证之功夫，那些学者只是空有知识，缺乏实修，所以不懂。结果，错误百出的大师，反而声望越来越高、信徒越来越多，还因此形成一个个小商圈。

又有不少人去修道，而强调历来丹书所载均不可靠，修炼者光从书本子上修，难怪修不成。因为真正的诀法皆不录文字，只由师徒口授心传，再经修炼者实修实证而知。一旦真正实修有得之后，身外化身，回看现今人世各种争论，益觉无谓，自然也就不会再与人言语辩说之了。因此，总括来看，凡真诀皆不录于文字，也不必录于文字，修道者若依文字书本，亦不可能真正得道。

这样的修证者，与这样号称有修行功夫的导师，彼此需要互相扶持，在我们社会上其实很不少。

近年宗教愈兴，达官、显贵、富翁、阔太太固然参禅、礼佛、打七、朝山、供养法会，忙个不得了；许多有志修证的知识青年文化人也热衷于此，不但四处参学，相与印证，更以切身实修自许。一些由佛教、道教衍生的中外修行法门，或结合现代心理学，或配合教团布道宣传，亦往往大行其道。近年宗教修持之书颇为畅销，即与此一时尚风潮有关。

但这些修持派门或修证人士，虽是畅销书的推动者，他们对书的态度却有反智的倾向：重实修而轻知识、贵口授心传而鄙视文录经典。所以，虽然佛陀之义理已全写在《大藏经》里，他们的重点却并不在深入经藏，而喜欢亲近大德，看看某仁波切、某活佛、某大居士能否给他开示或点拨。

近年市面上大为流行的各种减压、修行、心理调适、灵性成长培训班，也不鼓励学员看书读经典，而是透过讲座、活动等之类的方式推广各式课程，以收取高额学费、吸收会员。

这些人，行为与目的各不相同，但无疑共同导致了社会的反智倾向。一般人多会注意到近年蓬勃发展了的儿童读经运动，可是绝少人察觉到在儿童读经的同时，也正盛行着这种大人不读经现象。

大人不读经，不是一般说的社会上成年人都不再读书，也不是知识分子因主张现代化而反对读经典的那种形态，乃是以追求文化体验、提升个人灵性内涵为名义或目的，而进行着的反智的不读经行动。具体之表现，则如上文所述各类状况。

为什么说这种态度是反智的呢？

此类人士基本上皆重行而轻知。用佛教术语说，即是主"行门"而反对或轻视"解门"。他们觉得书本子上写的只是些知识，这些知识若不经由实际的修行去参证，便毫无价值。反之，实证实修之所得，才能检验书本上写得对不对。

因此，知识之真伪、高下、作用、价值，须由我的心证体验来判断、来决定。修证者看来虔敬，期望获得真知；但实际上妄自尊大，高踞于一切知解之上。不仅无知者无畏，甚且要以我之所觉察、所自以为是者来作为一切判断的依据，这不是反智是什么？

古哲教人，不是这样的。天才当然有，某些人也可能具有超能力；但行解并重、知行合一，才能福慧双修。岂有废智灭慧之行而可以证得真如的？

若说经典书卷不能使人入道，非靠口传心授不可，则佛道各教祖师就不该写下或流传经籍下来。

若说经籍上多隐语权说，乃至象喻假托，会令人误入歧途，则古代那些大成就者为何竟如此居心不良，故意误导后人？

就算天机不可泄露，又何必这般藏头掩尾？云山雾罩中偶示一鳞半爪，岂大豪杰、大圣贤所为哉？

再说，真诀秘要，倘或不见经传，徒凭口耳授受、自由心证，恐怕也根本传不下去。某一代某一人记岔了，某一代某一人忽然死了，或缺乏机缘，没碰上可传之人，秘诀就只好失传。故录于文书，流传世间，乃是绝对必要的。

目前各教之修炼法门，事实上主要也仍是靠书本子才能传到现在。学习者矜为秘诀的那些东西，其实多半是因自己少读了书，所以不知其来历，传授者又刻意隐瞒，让学习者以为真是千古绝学或独创自得之秘法。否则人人都只要一翻书就都懂了的东西，还怎么靠它收徒众、挣供养？

这些，本来都是极浅显的道理。就像目前看风水、星座，占卜，相命之风大盛，社会上此类"大师"到处都是，讲得神乎其神，深得达官显贵、豪富名媛们之敬爱。你以为他们真有什么神通，可以预示天机吗？哈哈！其实谁不是依靠古代或外国那几本风水休咎占卜星座之书呢？不过把书上的东西背下来，或据以演式子、排组合，再加上一点江湖阅历来讲说一番罢了。你觉得他很神奇，是高人、是大师，只不过因你没读过他那几册书而已，翻翻书，你一样也会摆命盘、推命数。

他们讲说的道理，可能来自佛、道、克里希那穆提、密教、外星人或什么，但总之是叫你只信他，个人崇拜和神秘化乃是不可少的。

正因为如此，故风水、星占、命相之学才不普及。因为从事这个行业的人都不希望这些知识被普及，他们希望消费者相信预测吉凶是他们的"能力"而非"知识"。

知识就有客识化、标准化、规则化的性质，人人皆可凭一定途径获得之。能力则是主观的、内在的，本诸天生，或靠他自己修证而得，别人并不能拥有。

佛教、道教或其他讲灵性成长的团体，情况大抵亦是如此。何况，若从知识上讲，目前各教所谓高道名僧大德，对经典的掌握和对义理的了解，根本难以跟学术界媲美，出家众本身之文化程度也普遍低于在家信众。社会上开班授徒、教人修证的，更多是一知半解之徒。欲肆其一得之愚，避开学界之所长，当然就只能说学者缺乏实修功夫，而他自己的实修是如何如何可贵了。

对于吃这行饭的人，我们不能苛责，但一般人却不能不在这灵修之风大畅的时代保持一点警觉。

记住：无论什么人、什么时代，凡叫我们抛却书本跟着他走的，都绝不可相信。不论是政党、佛陀、耶稣或什么大师都一样！

整理国故之"厄尔尼诺现象"

复兴古学，到了五四运动以后，有了一个口号叫"整理国故"。

胡适在1919年《新青年》第七卷第一号《新思潮的意义》中提出"研究问题、输入学理、整理国故、再造文明"的口号，说："我们对于旧有的学术思想有三种态度。第一，反对盲从；第二，反对调和；第三，主张整理国故。"这三项中，积极的只有一个主张，就是整理国故。

"国故"这词，应本于1917—1919年刊行的章太炎《国故论衡》。此书是章氏在东京办国学讲习会的讲义，故词意应与"国粹"相似。国粹指一国之文化精华，国故指一国之固有文化，两者都是我人所当保存的。

整理国故则是对国学保存运动之深化，说保存之后还应有评判之态度。后来又加上了一点：应该用科学之方法。

这个提倡，后来体制化了。1918年北京大学研究所国学门成立。蔡元培亲自兼任研究所所长，国学门主任是沈尹默的弟弟沈兼士，底下马裕藻、朱希祖、钱玄同、周作人、鲁迅、蒋梦麟、刘复、沈尹默等，多属章太炎弟子。可见这一运动与早期国学运动复兴古学的源流关系。

接着是1924年清华大学筹建国学院，以"重建中国传统学术之魂"为宗旨。校长曹云祥请胡适主持，胡推荐梁启超、王国维、章太炎等人。后因章不去，改聘了陈寅恪、赵元任、李济。

北大国学门后来又分化或发展出两个体系。一是顾颉刚的"古史辨派"，一是傅斯年的中央研究院历史语言研究所。

1923年顾颉刚发表《与钱玄同先生论古史书》。1926年《古史辨》问世，总共出版了七册，有三百五十篇文章，三百二十五万余字（第八册饶宗颐先生编好了，因抗战，未出版），轰动一时，知名学者大多参与了讨论。顾颉刚"层累地造成的中国古史观"推翻了"盘古开天""三皇五帝"等构成的中国古史系统，引发巨大争议。

傅斯年的历史语言研究所于1928年在广州成立，次年迁北平。其主张用自然科学提供的一切方法、手段来整理现存的所有史料，初期工作重点是安阳殷墟发掘和甲骨文的研究整理，西南少数民族语言、习俗调查，西北考古等。

北大、清华国学院和史语所、古史辨派，是20世纪二三十年代无可置疑的学术中心，环绕古史研究展开了几个不同的面相，是整理国故运动的不同程度之表现。

其中，《古史辨》激起的浪潮曾令爱护中华文化者痛心疾首，认为把五千年文明一刀切去一半，古书、古史、传说都被说成是假的，圣王或则没有，或如禹这样只是一条虫。清华国学院、史语所则受西方汉学影响，把史学搞成史料学。

这些批评当然都很有道理，但也不尽然。

北大国学门自是晚清国学运动之延续，该运动之核心价值在于"发扬民族精神"。清华国学院虽是洋学堂，同样曾以"重建中国传统学术之魂"为宗旨。诸导师，如王国维、梁启超早年皆颇引进西学，此时却早已旧调不弹，力攻古史了。只陈寅恪"为不古不今之学"，另开中古史研究领域。其北朝史、隋唐史研究影响都很大，但他向往的却是宋文化。李济学的是西方考古学，但主持安阳殷墟挖掘，把被下拉到周朝中期的信史，往上又拉到了殷商，作用极大，足以平抑古史辨一派疑古之病。

所以总体来看，整理国故的这几支劲旅其实合力推展了古史研究。直到现在，考古发掘、古民族史、古文明研究其实仍是社会热点。民科古史"研究者"不计其数，各解古书，各说一套，简直令人眼花缭乱。你阐发中华人种及文明西来说，我就说古埃及即是黄帝、颛顼时代或夏朝，苏美尔等古文明皆出自我大湘西，西藏、天珠、象雄文化皆出于我大昆仑等。

所以，整理国故这几拨力量看起来很有伤民族自信心，实则史学大流，空前壮大。经学和诸子学亦皆已融汇于其中。

这是因我前面说的，整个国学运动其实有一个发扬民族精神的内核。大家是在这个核心精神下各自用自己的方式去推展。

若说这只是考古，不是复古，那又不然。史语所的宗旨，讲起来冰冷严肃，要把史学建成地质学一般，如自然科学那样中立客观。其实傅斯年就不是中立客观的人，火性特重。虽是新文化运动出身，当台大校长后最主要的政绩，被延续了几十年的，却只有学生必读《孟子》《史记》这一条。我所认识的屈万里、陈槃、劳榦、黄彰健等几位史语所师长，也都全身心发掘民族精神。石璋如先生一百零二岁还每天到研究室做研究，想勾勒他心中的上古桃花源。

我认为中研院史语所跟近史所、民族学研究所之分道扬镳，原因也在此。大家的研究颇有重叠或交叉，但他们更接近西学脉络。近史所甚至以现代化研究起家，注意西潮东渐以后，中国如何改造自己，通过"现代化"以进入现代社会。民族学研究所则有"改造国民性"的想法。故与史语所的性格皆有根本之分歧。

另外，整理国故还有一个特点，颇与之前的国学运动不同，就是它的方法意识、运用与讨论。

胡适特别强调方法，反复示范并解说他的科学方法，说是师承杜威及借鉴自然科学，主要用在章回小说研究上。赵元任是自然科学出身，移植西方语言学方法。李济是西方考古学出身。傅斯年是德国兰克史学出身。顾颉刚则详细说了他如何从"孟姜女传说"中思考到研究方法。

这种景观，是之前没有的，故令人耳目一新。

从客观形势上看，这也为西洋方法成为时代新宠开了路。顺此而流，用西方方法或新方法来研究中国文史哲竟成了风气。直到我读书时，中文研究所硕、博士班那些年都还在啃洋方法中度过，可见风气之烈。

但陈寅恪早就在审查冯友兰《中国哲学史》时明确反对套用西方理论。顾颉刚也不断替他的方法找本土渊源，除了民间戏曲、传说之外，更重要的是跟清朝姚际恒、崔东壁的关系。为此，他还编了《辨伪丛刊》。

很少人读过姚氏全集，故都信了顾颉刚的宣传。其实，姚只是清朝一陋儒，其学被顾颉刚等人看重的，只是他的辨伪。顾氏读他的书时，还是借来手抄的呢！其《古今伪书考》后来增补订正者亦甚多。

但姚氏辨伪，好为臆说，如说《礼记》中的《明堂位》为新莽时人作，《大传》为汉儒作，《学记》乃诸子书，《乐记》乃武帝时人凑集而成，《祭法》亦汉人作，《祭义》则秦人笔，《哀公问》为孔门弟子推演之词，《仲尼燕居》《孔子闲居》《礼运》多老庄之徒伪托，又斥《中庸》为禅学。论《春秋》则弃传以存经，不信"条例"，谓例之起于杜预……

这些说法，在打破圣经贤传的权威方面，颇具意义。但若考其是非，则多是错的。

凡例之说，《孙子兵法》就有，出土文物郭店楚简中亦可见此体制，非尽杜撰。先秦古书，皆经汉人隶定，据其文句以说真伪，实在也是困难重重。且以后代已定型的学派区分或观念去看古人，古人古书不合我这个定型的看法，不思检讨自己的思想模套，反而说凡古人之不合于我这个套子的就全是伪作，不是个大颠倒、大笑话吗？

举个例子。《礼记·檀弓上》："公叔木有同母异父昆弟死，问于子游。"子游主张昭大功。"狄仪有同母异父之昆弟死，问于子夏。"子夏则说"鲁人则为之齐衰"，建议采齐衰服制。这是女人在死了丈夫后改嫁才有的情况，讨论同母异父兄弟间如何穿丧服。可是姚际恒认为女人改嫁，"今世委巷间有之，若士大夫家自无此"，故改嫁以后发生的礼仪问题，均是失礼之礼。"失礼之礼何足为问？"孔门弟子居然还去讨论它，他觉得甚怪；据子夏的说法看，鲁俗对此已有限制，则是改嫁者甚为普遍，他觉得更怪。这不是少见多怪吗？女人以不改嫁为贵，乃明清风气。执后世之俗，而诧古人之风，岂不谬哉！

《古今伪书考》，顾实说它曾"大为流行，各大学、各高中学咸油印发布，莘莘学子几于人手一编"。这是顾颉刚推广它的效果，但其书实甚疏略。

姚氏之目录学本来就大成问题，故其间多不可究诘之处。如以《麻衣道者正易心法》《孔子家语》入经部，《神异经》《十洲记》《杜律虞注》等入子部，都像顾颉刚说他把《忠经》列入经部、《天禄阁外史》列入史部一样，是只凭书名去判断，并没仔细看过原书。如此辨伪，怎么辨呢？

可是姚际恒自己并不知道他不懂目录学，反而喜欢治目录学，今存《好古堂书目》《好古堂家藏书画记》《续收书画奇物记》均是。柳诒徵《〈好古堂书目〉跋》甚推崇其于四部之外别立丛书之滥觞，却未指出其中的错误。

实则姚书之误很不少。例如《墨池编》是谈书法艺术的，不应列入小学类。《诗韵》数种，同样也应列入文学而非小学。《廿一史弹词》只是文学，不能编入编年史类。《搜神记》《搜神后记》列入集古类，亦不妥。《山海经》入方物而非地理，又非小说，地理类收《新安文献志》《炎徼纪闻》，《水东日记》《日知录》列杂家，《堪舆宗指》入天文家，亦皆可商。

虽然如此，姚氏的目录也并非毫无足取。柳先生说他"书之分类，虽亦袭四部通例，而子目多特创。如史部有器用、虫鱼、方物、川渎，子部有类家，皆别为品题，异于他目"。这其实就是一种专门书目。姚氏对目录学并不在行，所以反而能乱搞出这些不传统的目录来。现在看来，这种东西反而有价值，怎么说呢？

一、我国的书目，多半只是工具性的，历来甚少书目作者，不比欧洲，像迪布丁（Thomas Frognall Dibdin, 1776—

1847）写了《斯宾塞藏书目录》《书目解题十日谈》《法德访古觅奇之旅》那样的书目作家，少之又少。

二、书目太过定型化，基本上就是四分法与七分法，外加佛、道两种，很少时代性或专题性书目。所谓时代性，例如波拉德（Graham Pollard，1903—1976）的《十九世纪一些小册子性质研究》，另一位波拉德（Alfred William Pollard，1859—1944）的《早期绘本书》《一四七五年到一六四〇年于英格兰苏格兰与爱尔兰印行的书籍简目》均属此。我国只有依附于诸史艺文志底下的时代性书目，非常单调。专题性书目则如后一位波拉德编的《关于莎士比亚戏剧的普查（四开本）》。外国许多藏书家都会以专题方式搜集资料，如1922年美国艺术家协会进行拍卖的苏珊·闵（Susan Minns）就专收跟死亡有关的书籍、画作、藏书票、钱币等；创立"纽约图像同好会"的安德鲁（Andrew）亦以手抄绘本古籍、地图、画片、装帧本、插图本为收集对象。我们大概顶多只有专收宋版、元版的。专题性书目乃是晚近的事，故姚际恒倒成了个先驱。

由书目看，中国人每自诩最早发明印刷术，典籍之丰亦举世无匹，可是对书之搜藏与编目，似仍有比不上西洋的地方。西方有些东西也是我们没有的，如前文提到的拍卖会即为一例。没有拍卖会，自然也就没有"拍卖目录"和"交易账"。由于没有此类公开拍卖转让之网络，同时也就没有交换图书、讨论阅读的"读书俱乐部"。又由于特重文字，书之插画、配图极不经意。除小说、戏曲等通俗书刊外，正经典册基本上也都不配图，因此装帧形式亦较呆板，材质及版型上缺乏变化。这些，都是今日治中国书目之学者所该知道的。

整体说来，姚际恒最好的作品，恐怕还是《好古堂家藏书画记》。这实在与他在经学辨伪方面的声名不符。

首先，"好古"之堂号，便与他考古不侫的态度颇有差距。赏鉴书画，附及绣像、缂丝、镌印、砚石、研山、石屏、古琴、香盒、古墨、旧纸，亦显一文士气，并非经生之态度。

在赏鉴这些艺术品时，他的趣味和文艺知识，也比谈经学时可爱得多。在那么严格分判老庄佛禅与儒家界限的经生姚际恒那儿，你绝对不会发现他竟这么喜欢佛教、道教的写经，先后收藏了元僧血书《法华经》、吴镇草书《心经》、文徵明楷书《金刚经》、董其昌写的《盂兰盆经》等。据他说，在杭州得到宋雕细字《法华经》，曾作赞语六万多字。后来又作一赞说"伟哉大雄尊，发此真空理"，则不唯赏其艺妙，亦赞其理高。

足见一个人往往是复杂的，只从勇于辨伪的经学家一个角度去看，殊未能真正了解他。而顾颉刚偏偏要抬举这样一位先生来做他自己的祖师，其缘故，也就足以深思了！

顾颉刚也没错，从清朝到整理国故，方法确实是一脉相承的。

别看又是杜威，又是科学，又是地质学，又是兰克，又是什么，皆是画虎上旗，自壮声势，并眩人耳目。从《国粹学报》到《古史辨》《国立中央研究院历史语言研究所集刊》，考证来考证去，方法真有什么不同？杜威方法，顾颉刚就没学过；兰克史学，也不是要把史学建设成地质学的。至于"大胆假设，小心求证"又与科学方法有什么相干？

把自然学科的方法用到社会学科，发端于孔德（1798—1857）的实证主义，重点是观察和合理的预测。所以，不是大胆假设，更不是一般人想象的客观中立。因为孔德把精神看作社会进化的决定性因素，故有唯心论、形上学之气质。时至今日，虽社会学科固态化更甚，所有大学之社会学科，都已自称"社会科学"，但也不会再有人认为社会科学就等于或该等于自然科学。

人文学呢？自狄尔泰（1833—1911）撰《为人文科学奠定基础的任务》、卡西勒（1874—1945）写《神话思维的概念形式》《人文科学的逻辑》以来，以人文学独立于自然科学之外，自有其"科学"，早已蔚为共识。谁会再讲"用科学方法整理国故"这种没常识的话呢？

估计是胡适的科学主义态度害了他，或欲借此口号以便宣传。其实整理国故的具体方法，有什么超出清朝之处？

不知什么是方法的人可能不明白这个论断，所以要解释一下。

清朝朴学的方法，有几个基本认定：一、原意存在于文献中，只要依正确方法，人人可得。这就可避免师心自用，用自己意思去乱解释古人语意。二、原意既存在于文献中，文献就必须保证是原作，且是原本的模样，不能是假的、残缺的。三、文献由文字组成，故又必须明确每个字是什么意思，然后才知道一句乃至一篇是什么意思。

针对一，胡适认为这即是科学研究的态度。针对二，所以要考证"古书真伪及其年代"。针对三，所以须有文字、音韵、训诂及历史考证功夫（后来王国维加上了考古，号称"二重证据法"）。

这种乾嘉的基本认知及其相应之方法，请问，到整理国故时，诸君是不是仍然如此？不要说当年，就是现在文史哲科系、文献学专业，又是不是仍如此？略有补苴，说还要调查啦，还可增加影像音声资料啦，等等。这个知识论底子和"训诂明而后义理明"的程序没打破，就绝对脱不出朴学的牢笼。此所以我们仍与乾嘉同属一个文化世代。

可是，读书不是本来就该是如此的吗？找个可靠的本子，仔细考察原本、原文、原意，不是很好吗？

是很好，但请问庄子会这样读吗？惠能是这样读吗？惠能根本不识字，对佛经的意思比你还掌握得好。庄子则说要目击道存，渊默而雷声，理解不由看书和言说中得来。请问，这如何安放你的考证方法？

从现代格式塔心理学（Gestalt Psychology，又叫完形心理学）的角度看，构造主义心理学的元素主义根本是错的。

因为真实的知觉经验是整体，感觉元素的拼合则是人为的堆砌。整体不是部分的简单总和或相加，整体不是由部分决定的。相反，各个部分才由整体的内部结构和性质所决定。也就是说，不是认识一个字、一个词，再组合起来它的整体意思。不是"训诂明而后义理明"，而是义理明，训诂才能明，整体性的把握先于部分。乾嘉朴学的心理认知模式，乃是现代心理学所要扬弃的。

再说，"原本""原意"真可知吗？有知的必要吗？《新批评》（*The New Criticism*）称此为"追求原意的谬误"，可见一份文本其实可以有另外的读法。

原本观念，追求的是"定本"（当时写定的、考证确定的）。可是"原本"和"定本"都是把思想固态化、物质化，忘了思想本来就是流动的。即使是同样的本子，每个人也都一定会读出不同的意思。

这就像顾颉刚的"古史层累堆积说"。把传说想象成沙土，一层层堆上去。不知传说非沙石，而是水。水会流散，会蒸发变形乃至消失，会进入沙土草木中，会与其他的水汇流，会转注假借，而这不才是传说的真相吗？

因此，整理国故之特点以及其影响之所以那么大，那么久，在于它有一套方法论，发展清人之法，而比清朝更精密。但根本不固，方法本身就颇堪质疑。

以大洋流来譬喻。热带太平洋的季风洋流通常是从美洲流向亚洲，使太平洋保持温暖，使印尼周边热带降雨。但这种模式有时会改变，风向和洋流逆转，太平洋暖流转而向东，流向美洲，出现"厄尔尼诺现象"。于是，或水面温度增高，或暴雨成灾，或局部干旱，或引发飓风，造成人员伤亡，经济损失巨亿。

整理国故运动后来发生"厄尔尼诺现象"，其内在原因之一，即是因为上述方法学上的问题。

（一）辨伪之法，固然可以淘洗出真金，考证出真古，但把原先大家所信之古都斥为伪，摧毁了"古"作为民族自信、信仰、价值来源的地位，结果疑古之情远胜好古之心，再想复古，可就难了。

（二）辨伪之法，缘饰科学之名，疑义滋多。原想新瓶旧酒，可延续并发展考证之法，但结果是学界固化了这套方法，把魏源、龚自珍时期就期待能予更新的状态，又抱残守缺，延续了一百年。另一部分人，听说是科学、是洋方法，则径自西天取经去了，何必还回头学乾嘉、钻文献、磨蹭文字音韵训诂。

（三）通过辨伪考证，推倒既存之古，另建"真古"，功劳不容抹杀。但这种人人可以自己建构一套古史的办法，后来大家都学会了，以致奴隶社会、大昆仑、大湘西、埃夏一体、全球文化彝族说、山海经腾冲说等不计其数的古史猜谜，遍地开花。大胆假设，小心求证，而皆号称真相破译，实则群言淆乱，不可究诘。政治力量趁势借用之，打扮小姑娘，制造大谜团，尤为可怖。

（四）国学运动打一开始，就采取腰斩法，把秦以下都斥为秦学秦政，独重先秦古史。整理国故时期，古史辨再把先秦切一刀，东周以前几乎都存疑，归入传说。安阳考古虽说往上拉抬，也只拉到殷商。于是，以前的事仍然待考，还不能信；秦以后的事，全无价值，可以勿论，论也要骂一通，"清算"之，"打鬼"之。这样，国史其实可弃矣。研究者殚精竭虑做研究，而造成的观感和实际效果不正是如此吗？轻蔑、否定，甚至憎恨之情绪，弥漫于社会。

（五）整理国故运动的技术方法化、学术机构体制化，是它可以建立成库恩（Thomas Kuhn）所说的范式（Paradigm），并逐渐成为一种常态科学的主要原因。但这就造成了异化，与原先"发扬民族精神"，"重建中国传统学术之魂"的宗旨愈来愈有隔阂。技术化和体制化，正好是没魂的。后来的古文化研究，遂愈来愈只是权力、名位之间的学术论文操练，跟半裸女郎举牌间隙的拳击比赛一样。

（六）这些"厄尔尼诺现象"，会激生若干反力。例如引发海平面升高了，人就会筑堤；出现飓风了，人就会植林。觉得汉学考证之法不可信据，自会别求于宋学；觉得古史研究已失魂魄，自会专门发扬民族精神；觉得体制化有问题，自会从"民间社会"找活路。在整理国故运动最热烈之时，这些反力也最有生命力。朱子学、阳明学、船山学等宋明理学，马一浮、熊十力、梁漱溟、方东美等儒学佛学，柳诒徵《国史要义》、钱穆《国史大纲》之民族精神史学，张君劢、唐君毅、牟宗三、徐复观之哲学，复性书院、勉仁书院等无数民间讲学，也是波澜壮阔的。他们与整理国故运动非敌非友、是敌是友，相扶而长，是"厄尔尼诺现象"的一部分。现在一些蛋头学者，不知脉络，套用西方左派右派、保守进步之标签，把这些都归到"文化保守主义"里去，岂不谬哉！

是呀，人之智，尚不能周一时，而辄欲整理古今，不亦谬哉！

清明如何祭黄帝？

清明祭祖，既是家事，也是国事。

过去，台湾每年都还要举行"中枢遥祭黄帝陵"的大典礼，由"总统"亲自着长袍马褂大礼服主祭。

这些年，大陆礼乐复兴，西安、郑州都开始祭黄帝了。许多汉服团体也格外重视这场祭典，常组织同袍与祭，共申民族精神。

可惜祭典多不如法，错谬甚多。

我见过、参与过的这种尴尬场面太多了。底下举个例子。

2014年4月，我去西安参加祭黄帝陵的活动，协助解说。

会前副省长接见与会学者。这本是礼仪式活动，但我趁机建言，说现在各地热衷祭孔、祭黄帝、祭炎帝、祭这祭那，实际上大都是胡整乱搞。祭礼、祭器、祭服、祭仪甚多荒谬之处，且以促进旅游，办成一出舞台剧为主流。如此岂能餍全球华人之心哉？

斯语既出，领导们当然惊疑不定，忙辩称他们也很谨慎从事，且无商业性操作，颇有考证云云。接见会乃匆匆结束。

4月3日，我与电视台工作人员先去黄帝陵准备。次日两岸公祭大典，台湾有新党主席郁慕明等人参加，"台湾中视"和央视、陕西电视台联合转播，台湾高惠宇和陕视李菲、央视鲁健共同主持，另由我当嘉宾，协助解说。

在主播台上晒了一上午太阳，勉强解说完毕，善祷善颂一番。据说效果不恶，场面也颇隆重感人，很能振奋人心。

但实际上祭礼很成问题，我看得一肚子火，只是在台上不便发作而已。

目前黄帝陵祭典已列入国家非物质文化遗产，渐渐形成传统。然祭仪正如我上文所说，颇可商榷。

一、公祭广场的建筑就成问题。徒矜宏阔，与黄帝陵墓和庙宇皆不相连接，以致祭祀只是在广场上的一场表演，非真祭于庙也。

二、祭祀广场把号称九鼎八簋的各种祭器都塑铸于两侧，变成广场上的造景摆设，不是放在神前的供筵上。甚且根本没有供筵供桌，只搭了个舞台。

三、鼎簋里面也空空荡荡的，没有任何祭物。祭黄帝，是否应用九鼎八簋，虽不无争议，但鼎簋既列，乃竟以空钵献祭，毋乃荒唐？况簋鼎又根本放错位置乎？

四、根本没有祭品，光摆上一堆花篮，然后各界政要一一献花。

这是祭吗？祭者，依字形看，就知道那乃是持肉供神之意，无肉即不能称为祭。现在不但无肉，连酒水米果，啥都没有，是什么玩意？

或曰：杀牲为祭，乃古之陋习，现在改革之，有何不可？

这是错了以后还要再用一套说辞来文过饰非，错上加错，比不懂而做错了更可恶。

凡礼，就要讲规矩的，否则何必谈什么礼呢？依规矩，祭黄帝以太牢。太牢是杀一活牛。清代把太牢降了两级，改为牛、羊、猪三牲，成为犊—特—太牢—少牢的规制。犊仍是用活牛，特用活羊。祭上帝、五帝、日、月均用最高级别的犊祭。礼，是用形式来表现尊敬的程度，故必须有此讲究。现在大家才学着开始祭祀呢，却把礼的规矩首先打破了，有这道理吗？

若说杀牲残忍，更可笑，且是伪善、假慈悲。你在家每天大鱼大肉，市场上也每天宰牲无数。现在好不容易祭祖一次，却连一杯酒水、一块肉也不肯奉祭，还讲得振振有辞，有这道理吗？何况，《论语》老早记载了："子贡欲去告朔之饩羊，子曰：'赐也，尔爱其羊，我爱其礼！'"

五、无祭品，只献花篮，读祭文时居然照例说："尚飨！"尚飨是请祖宗来吃的意思，可是根本没祭品，叫祖先吃花篮吗？

现在的花篮供祭，更不是中华文化，是学老外祭拜墓地、纪念碑时的做法。

六、祭祀大员也都未着祭服，表演人员倒是穿着该穿的衣服。不管他们穿得对不对，至少比祭祀大员们懂礼。

目前国人出席任何典礼都不知该穿什么，因为没有礼服，故常以西装为正装。西装固然可以为正装，但祭孔、祭黄帝这类传统典礼，民族文化意涵极浓，穿西装却是极不合适的。试想若美国总统去祭拜其开国元勋、忠烈将士而穿中国长袍，你不觉得好笑吗？

其实1943年时已成立民国礼乐馆，后又在重庆做成《北泉议礼录》，并形成《中华民国礼制》，对于服装早有规范。"台湾中枢遥祭黄帝陵"或马英九祭孔时穿的长袍马褂，即属此类礼服之一。

如今马褂或可不穿，穿个长衫或各式汉服不也甚好吗？黄帝垂衣裳而治天下，中国又是世界上最早发明缫丝制衣的国家，服饰文明冠甲全球。如今竟以夷服来祭之，黄帝有灵，当为子孙之不肖而痛哭！

七、祭祀开始时，击鼓三十四响，据说象征三十四省；鸣钟若干下，据说又象征什么。这当然全都是自作聪明的杜撰。

自来典礼开场皆击鼓，何况鼓这种乐器据说即黄帝所创，故击鼓是对的。但敲钟就不然。古来虽也有钟鼓齐鸣之说，然若分奏，必是鼓开场、钟结束。以鼓激扬而钟悠远有余韵故也。所谓鸣金收兵，以钟钲代表收煞。只有方外僧家倒过来，暮鼓而晨钟；又或金与玉配合时，金声而玉振。因此，祭黄帝，不当开场又击鼓又敲钟，乱鸣一通。

而鼓打三十四下象征三十四省，更是无聊的附会。黄帝还是五十六民族的共同始祖、全球无数亿华人的始祖呢，何不敲五十六下、十三亿下或二十亿下？

那么，该怎么办？没什么，依历来旧法，击鼓三通即可。一轮鼓为一通，三代表多数，三通就够了，不需乱掰。

八、祭文读毕之后是告祭乐舞。内含四个部分：《序·心香》《雅·云翘》《风·土德》《颂·龙帜》。

这也是胡说八道，编剧该打！风、雅、颂乃《诗经》之结构，硬套这结构来祭黄帝，以后世之周乐去扣和黄帝的事功，可谓关公大战秦琼。且风乃各地土风，雅是朝廷乐章，只有颂才是宗庙舞乐，故风和雅都是跟祭黄帝这类事搭不上边的。

九、具体跳舞时，中间是佾舞，两旁是武舞，也就是舞干戚。

这些舞都属仪式舞，有传承、有章法，每个动作均有固定之含义。如今重编，讲究舞台效果，实则大失本旨。佾舞用少女，特显其娇媚之姿，占据主场，以与两旁的武舞之男性刚猛相对衬。可能编者还颇自以为得计，殊不知把佾舞变成了"女乐"，孔子见之，亦将愤而出走矣。

十、整个祭祀，前后有乐，祭时却无。亦大可笑。

黄帝乃音乐之祖，自作鼓，又使伶伦造乐，还作了《云门大卷》之乐，张乐于洞庭之野。如今他的子孙居然不知该用什么音乐来祭他！

现今古代六乐固然失传了，但历代祭礼，都是跟音乐配合的，主事者应当考证考证。

主持这部分的，是陕西演艺集团公司，我不怪他们。他们想弄懂这些，本来也不容易。但如今文化复兴，各地祭孔、祭黄帝、祭炎帝、祭伏羲、祭文王，不可胜数。政府有司对这些祭典就不能真请一些专家好好研究研究吗？

4月3日，西安关中书院重开祭孔礼，也同样问题多多。这些礼，真有那么难吗？唉！就算不来问问我，《圣门礼乐志》《文庙祀典考》《泮宫礼乐疏》《古今图书集成·礼仪典》等书俱在，翻翻也就都懂了。祭祀多误，大约只是既不上心又不读书之故！

十一、祭祀，除了这个领导献花那个领导献花之外，就没别的了。电视上对比着播出台湾祭祀时的三献礼仪式，明眼人当能立刻看出是非高下。

献祭分为初献、亚献、终献，其实不只存在于台湾地区、东南亚华人社会。只要下乡去看看，内地各乡村祭祖、拜宗祠，也都还广行此礼，包括许多少数民族地区皆然，我还知道有些地方祭拜时还唱《诗经》的《鹿鸣》诸诗哩！可叹城里人却忘光了！办祭典的人，即使没工夫读书，若有心，回家问问老人也就明白了，不至于把自己这十几项错误通过电视直播广传于世界。

当年这些错误，如今改善了没有？大家可以拿着这篇文章对照起来看。到底该怎么祭，应该也就懂了。

读经之争

近些年大陆持续的文化热点并不多，国学却是其中之一。电视上大开讲坛，品三国、论孔子、说红楼，其出版品亦往往热卖。学校则开办各式国学班，或融历史于管理之中，或撷取古人智慧以供商战之用。流风所及，民间人才培训机构也大谈中国式管理。青少年部分，中国青少年发展基金会中华古诗文经典诵读工程，据云十年前就已有七百万人参加。依国际儒学联合会的估算，被各种途径普及儒学的青少年超过一千万，其背后还有二千万家长与教师参与。这种推估，证诸各城镇县市林立的书院、私塾、儿童读经班、国学班、才艺教室，可说毫不夸张，人数只多不少。

文化现象上的热点，其实常伴随着争议，而此中争议最大的就是儿童读经。2006年胡晓明所编《读经：启蒙还是蒙昧？——来自民间的声音》收集了五十多篇争论，网络上的帖文还不知有多少。到底读经是启蒙还是蒙昧呢？不只知识分子在争辩，家长和教育工作者也很头疼，大家都想知道这个答案。

"国学热"中其他问题或许更值得讨论，但论者集矢于读经，铺陈理据，申说然否，除了因涉及儿童教育，易于牵动关怀之外，这个论题还具有总摄所有国学现象的作用。

因为：假如读经根本不必要也不可行，那么其他各种国学活动也就都不用办了，这不是去批评谁说《论语》行不行那一类争议所能比的。

同时，这个论题不只涉及眼前。传统文化与现代化的恩怨情仇，纠缠了一个世纪，碰到新世纪的读经现象，当然会再度爆发。现在的争论，其实正呼应着历史上曾有的读经之争。

早在清光绪二十九年（1903年）年学部所拟《奏定学堂章程》中就已经提到当时社会上已弥漫着一股废经灭古的风气，"唯恐经书一日不废"。政府对此风气深感忧虑，故规定："中小学堂宜重读经，以存圣教。"

古代中国人自幼受教，无不读经，读经从来就不是个问题。可是晚清的局势，使人体会到再读这些老古董，恐怕即要亡国灭种了，欲求富强，唯有废经。

喔，不，准确地说，乃是抛弃旧经，改习新经，向西方寻找真理，开始读洋经。当时大家就多觉得：读洋经、学西方，才是进步的、开明的，继续读中国经典则是保守落伍。

如清政府那样，规定中小学读经，便是保守势力对新趋势的反扑。

这种读经与废经的争论，此后便一再反复上演。

宣统三年（1911年）四月，初等小学的读经一科即已废了，民国肇建，颁布《普通教育暂行办法》，更明令小学废止读经。

民国四年（1915年）袁世凯任大总统时，虽提倡孔教，恢复读经，但袁氏垮台后，其《教育纲要》就遭废除了。

直到民国十四年段祺瑞为执政时，章士钊担任教育总长，才又决定读经。可是章旋去职，此案亦未实施。

民国二十年南京开国民大会时，也有提案主张列经书在课本中，然也没结果。倒是湖南、广东等省，下令中小学读经，一时蔚为风尚，颇令主张读经者鼓舞。唯人亡政息，乃亦不了了之。

随后中华人民共和国建立，读经之议，自然也就偃旗息鼓了。

综观整个历程，我们可以发现由晚清到上世纪末，中国的总体动向是求新求变以救亡图存。因此反对读经者占了主流优势，民国及中华人民共和国政府也附和或主导这个趋向。

认为中国救亡图存亦不可因而忘本的人士，在形势上居于劣势，在语言上也颇吃亏，因为他们往往也反对白话文，故其主张读经的论点不仅读来缺乏新鲜感与时代气氛，也难以喻众。

不过民国二十三年前后，情况略有不同。前文说过，民国二十年国民大会已有人提案主张读经了。民国二十三年政府通令全国恢复孔子诞辰纪念，且派人亲临曲阜祀孔，又重修孔庙，优待圣裔。这代表原先支持新文化运动的气氛及其相关政治力量有了些改变。

民国二十四年一月，萨孟武、何炳松、王新命等十教授发表《中国本位的文化建设宣言》，更可显示社会上对于"向西方寻找真理"这个路向已有成气候的批判力道。

这个宣言，冯友兰曾猜测它是国民党授意的。这当然不是，不过国民党确实已从本来支持废经的立场转而向读经倾斜，当时主持文宣工作的陈立夫，就比较支持读经，整个党也较倾向《宣言》的态度。

形势如此，民国二十三年七月，许崇清发表文章反对中小学读经，他在广东省政府中省府委员的职位就被撤掉了。民国二十四年一月，胡适去香港接受学位时，因在演讲中反对广东省政府规定中小学生读经，结果原先在广东已约好的演讲也被迫取消了。中山大学教授古直还通电声讨胡适，请求广东政府课以极刑。因此可说这是晚清以来读经与废经双方最势均力敌、足以对抗的时代。

在这段时间，有一部文献，甚能凸显这种对比的张力，而可供今日吾人参考。那就是民国二十三年何炳松主持商务印书馆《教育杂志》时，发函给学界专家，咨询对于读经的看法，并将意见七十余篇编辑成的专刊——《教育杂志》第二十五卷第五期，1935 年出版。

何炳松的专业是西洋史，但我说过，他的文化立场乃是中国本位的。因此他编这个集子，虽貌若多元，将所有回函分成赞成、反对、相对赞成或相对反对三大类，并提倡开放、平心静气地讨论。可是在分类之前却引了一大段国民党大佬张群对他说的话，谓中国几千年来都受到儒家思想的影响，故一直有中心思想，晚清与西方接触后，这个中心思想才动摇，新文化运动更是摧毁了它；唯摧毁了旧的，却没建立起新的，西洋思想纷至沓来，弄得大家彷徨歧路，至为烦闷云云。这段话，其实就表示了何氏自己的态度。

虽然如此，却不影响这个专辑的内容。专辑里的论者，涵盖了当时教育文化界各派意见领袖，因此所论不管正反，各方均极具代表性。赞成读经与反对读经的理由，跟今天也差不了太多，有不少还讲得较今人持论深入，故至今仍甚值得参考，不仅因它具有历史意义而已。

例如由各文章所叙，我们可以了解到当年读经之争的对立有多么严重。古直等人想把胡适杀了，以儆效尤，反对读经者又何独不然？钱基博说他于民国二十一年（1932 年）去上海的高等教育问题讨论会时，因提案尊孔读经，大受与会诸大学校长揶揄，谓其"不成话说，不意今日而尚有此不成问题之提案"，对之嬉笑怒骂。

可见反对读经者视提倡读经者为顽固、保守、落伍；主张读经者认为反对读经的人是数典忘祖、斫断民族命脉，彼此都瞧着对方极不顺眼。这样的态度，其实到今天也没什么改变。反对读经者，说提倡读经是"走向蒙昧的文化保守主义"；主张读经者则痛批1912年废除读经是"经书之厄，甚于秦火"，所以要对儿童重新启蒙。

情况之所以如此，在于大环境结构类似。中国目前基本上仍处在追求现代化的进程中，可是在经历过摧毁传统式的激进方法后，社会上又出现了应正视传统文化的呼声。这跟当年的情境是颇为类似的。2004年许嘉璐、庞朴等人发表的《甲申文化宣言》，不就恰好与十教授《中国本位的文化建设宣言》论调相似吗？

当然，这也不能说几十年来我们还在兜圈，跟当年一样，没啥进步。而是透过这些论争数据的对比，我们才能真正深刻地认识到我们的历史处境。在读经争论的历史对照中，也更能看清自己的位置，并思考争论的出路。

昔年的读经争议，背后其实一直有着政治力量的角力。清廷倡读经，国民党便废读经；反国民党的势力乃又倡读经，如袁世凯、孙传芳及上文提到的湘粤各省军阀都是。

反对读经者辄讥讽这些人根本不配提倡读经，或直指他们是军阀，批评主张读经者依附政治势力。但实际上，反对读经的人靠不靠政治力量呢？一样也靠。当时周予同说："现在我们实际上是在反袁的政治系统的国民党统治之下，我不知何以又有读经的必要。"正透露着反读经人士倚国民党为奥援的心理。

扩大来看，这也是昔年文化工作者十分普遍的思维或现实，须借某一政治势力才能成事。

如梁漱溟办乡治，原先就依托广东的李济深。李济深不就因推动读经而备受自命开明的反读经人士之讥嘲吗？广东政局改变后，梁又去河南，在韩复榘支持下办村治学院。中原大战后，韩氏转任山东主席，梁亦转往山东办乡村建设研究院。若按反读经人士之逻辑，这岂不是一直仰赖着军阀的势力吗？

但问题不应如此看。坏人亦可能干了好事，论事析理，不当以人废言，亦不能以人身攻击来转移问题。其次，当年想做点文化上的事，没有政治上的支持，恐怕是不成的。此理，放在今天看，大概也是如此。

再从政治角度说，一个政党或政治势力，虽说主要靠合法或非法的暴力来维持，但赤裸裸的暴力并不足以确立其合理性。因此它都需要有文化政策与文化施为来涂泽说明之。每一政治势力，皆需假借一套文化语言来表述自己，就是这个缘故。政治势力支持某一文化立场，而反对另外一些主张，遂亦成为实际上必然发生之事，避也避不开。文化人因势或趋势，以推动自己的文化理想，因而也是必然的，无可厚非。

不过，水能载舟，亦能覆舟。政治势力不尽可恃。有些时候，所依凭的政治势力垮了，文化事业遂也付诸流水，搞不好还要作为代罪羔羊，挨批挨整；有时候政治利益改变，政治势力所支持的文化政策及措施便也会幡然改途，令文化界讶今是而昨非。如认为国民党将一贯支持新文化运动、反对读经的人，发现国民党已转而提倡中国文化本位，必会感到错愕那样。

因此，通过当年这些论辩，足以让我们看清知识界文化人在推动文化事业时应有的分际，避开运用政治力以达致理想的魅惑。

中华文化现在面临文化断层？

一、本文准备从一个故事讲起，
一则中国与伊斯兰教的故事

与一般人的印象不同的是：伊斯兰教虽然起于阿拉伯半岛，但只有百分之二十左右的教徒住在阿拉伯语区。真正大批伊斯兰教徒聚居之处，不在中东，而在南亚与东南亚：印度尼西亚有两亿三千万穆斯林，印度大约有两亿，孟加拉国有一亿多。曾经有资料统计，世界百分之四十的穆斯林在东南亚、南亚，百分之三十在非洲，只有百分之二十才在中东阿拉伯地区。另外，现在中国有两千多万穆斯林，数量也绝不能算少。

在中国，说到穆斯林分布最普遍的地方，一般人立刻会想到西北。这同样也是错的。中国伊斯兰教之传播，西北地区其实还较中原地区晚。新疆在 8 世纪时，仍以佛教、摩尼教信仰为主。吐鲁番则信奉景教、摩尼教。10 世纪后，才逐渐发展起伊斯兰教信仰。15 世纪后半期，才普及至维吾尔族地区。康熙乾隆年间，南疆号称"回部"，表示该地已广信伊斯兰教。但北疆称为"准噶尔部"，即说明了该地尚未全面伊斯兰教化。后来是因清朝平定准部、回部之后，为统治之需，移南疆之民入北疆，才使当地全面伊斯兰教化。

可是，早在唐宋之间，中原地区及沿海地区就已多有伊斯兰教徒聚居了。目前，西北之新疆、甘肃、宁夏，已为著名之伊斯兰教徒聚集地。内蒙古也有一部分。此外，西南之云南亦为重要聚集区。

中原一带，如山东之回族，或由南方迁来（如蒲松龄，见下文）；或如永乐十五年（1417 年），菲律宾苏禄国王入朝，病死，葬于山东，其族属遂留居于此，来源是很复杂的。河南的回民也很不少，郑州、开封、洛阳均甚普遍。江南则南昌、景德镇、九江一带亦多。湖南常德、邵阳的回族就占了全省回族人口的七成以上。广西桂林、南宁等处也不少。江苏的回民，主要分布于南京、扬州、无锡、南通、盐城等地。浙江省回民聚居亦甚早。杭州的真教寺，建于唐代。宁波则在元代即有回民。温州一带，由福建晋江迁入的回民也不少。

福建，当然是较特别的地方。唐宋时期，泉州为世界第一大港，故海舶而来之伊斯兰教民甚多。穆罕默德的两名弟子便葬于此。其周边如福州、厦门、南安、惠安、永春、平潭、同安等地，也多有回民。

1957 年中国科学院考古所曾出版吴文良《泉州宗教石刻》。1984 年，泉州海外交通史博物馆又编成《泉州伊斯兰教石刻》，陈达生主编，收集碑刻达二百通，足见泉州与伊斯兰教之渊源。

前文谈到的山东蒲松龄一支，据罗香林《蒲寿庚研究》说，本由阿拉伯迁来，居在四川一带，后因任官，迁至福建晋江。传到南宋时，蒲寿庚曾任泉州市舶使，又受福建东建招抚使，总管船舶。后来叛宋降元，又助元征伐东南，故遭宋朝报复，欲灭其宗族，蒲氏这一族才会再迁至他处。这一族在漳州、福州、永春、绍安都有分布。仅绍安一地，即有千余户。后有一部分改姓为吴。

伊斯兰人改姓，不仅此一例。如惠安百崎乡郭氏族谱，传世抄本有明郭萌修《泉州郭氏族谱》、丁惠之重修《郭氏奇山义房家谱》等。族谱上溯族源于郭子仪，但迁来泉州，始于元朝郭德广。自郭子仪至郭德广，中间六百年世系缺载。后来在 1974 年，发现一块汉文、波斯文合刻的墓碑，汉文为"晋坡庭惠百奇元郭氏世祖坟茔"，波斯文为人名"伊本·库斯·德广贡·纳姆"，这才明白郭氏本是伊斯兰穆斯林，迁于晋江坡庭、惠安百崎，而冒姓为郭。

晋江的丁姓，则是源于阿拉伯文 Din 的音。回民名尾音常有此字，如阿拉丁、宾拉丁、元代著名的大臣瞻恩丁，后遂反读以之为姓。晋江丁氏即为著名一支。在明、清两代曾任官者四人，现尚有谱多种可考。近年海南岛南端三亚、陵水一带，发现唐宋以来不少伊斯兰教徒墓葬群。部分墓葬之形制与广、泉、杭、扬等地伊斯兰教徒墓葬不同，有阿拉伯早期墓葬之特色，可见该地是伊斯兰教徒较早到达之地。

从地理上看，海南岛确实也是东南亚航运要道，乃阿拉伯人及波斯人抵达广州、泉州必经之地。2000 年，我去柬埔寨游观吴哥窟，见其壁画石刻，乃中国军队协助该国抗拒伊斯兰军来攻之图，甚以为奇。归来发箧书考之，方知《宋史》即载宋端拱元年（988 年）大食内乱，其国人移居占城，与真腊交战不胜，迁居海南。《钦定古今图书集成》崖州风俗条中亦载其地民多类回民，其人多蒲姓。

占城，在今越南，乃占人所建之国。真腊，即今柬埔寨北部与老挝南部。大概伊斯兰与柬埔寨此后迭有交战，柬埔寨也曾请中国协助出兵，或佣兵助战，故其石刻如此。而其中一部分伊斯兰人，则由占城移到海南岛定居了。因战争而移入伊斯兰教徒的地区，还有西藏。唐与吐蕃作战时，曾俘二万大食兵。可见彼时吐蕃已邀大食助战，有许多大食人在西藏了。由以上的分布状况来看，足以证明南宋周密在《癸辛杂识》中说"今回回皆以中原为家，江南尤多"，已非虚语。至元朝而"回回遍天下"，其分布殊不仅限于西北西南。

正如前文所述，许多自认为是汉人的郭、丁、马、苏、宋、蒲、李各姓，可能都有伊斯兰血源。伊斯兰教徒，在中国又称回教徒、回民。这是中国伊斯兰教徒的特殊称谓，也反映了中国伊斯兰教的特殊情况。"回"字历来多有疑义。或说是由回鹘之回而来。但回鹘指维吾尔，而维吾尔信奉伊斯兰教，时间甚晚，故不可能是因回鹘信此教而名其教民为回人。

大抵把波斯、阿拉伯人称为回民，是宋元之时。元设"回回历"可证。"回"这个称呼，也因此而并不专指某一人种学意义上的族种。现在有十几个少数民族信仰伊斯兰教，如维吾尔、哈萨克、东乡等，哈萨克、维吾尔是它的种族名，回民则是一种从文化上用以跟汉满蒙藏区分开来的称谓。

其中，满蒙藏都还可说是种族名，汉族则显然非人种学意义上的称呼。汉朝以前，不可能有汉族。所谓汉族，是指历经夏商周长期融合，而在汉代形成一文化共同体的庞大族群。在这所谓汉人中，包括了许多种族，例如东夷、西夏、西北羌戎、北狄、南蛮、苗越等。凡接受汉文化之基本价值观，拥有大体相近之伦理态度者，均被称为汉人。

穆斯林，亦是如此。从种族上看，他们可能分别是维吾尔、哈萨克、蒙古、藏、东乡、锡伯等，但只要他们信奉伊斯兰教，过着一种伊斯兰式的伦理生活，他们就都可称为穆斯林，这也是"回回遍天下"的另一个含义。论中国伊斯兰教者，不可不明白这一点。

二、伊斯兰教入华一千多年，其文化影响是很可观的

首应说天文学。中国古天文学均只言二十八宿十二星次。黄道十二宫分周天为三百六十度，即是伊斯兰教所传入。唐之九执历、宋之应天历均受伊斯兰教历法学之影响。宋庆历《武经总要》已列黄道十二宫之名。元则万年历、回回历，均为回历法。

当时置回回司天监，官阶正四品。至明钦天监中，仍有回回历科，清初仍之。至康熙时，杨光先与西洋传教士比赛测天，所用的中土古法，其实乃是回回历法。故自唐至清初，回回历学皆占重要地位，影响中国天文学甚深。元代郭守敬修《授时历》，虽非回回历法，但他引用弧三角形法及阿拉伯数学，依然可以看出回回历学与中国天文学问的关系。

地理学方面，元代札马鲁丁主修《大元大一统志》，篇幅广达一千三百卷，内附彩色地图，用经纬法，述七洲形胜，包含欧亚非，实开地学之新纪元。札马鲁丁又曾做地球仪，时在1267年，比西方同类制作早了二百二十五年。阿拉伯人来华，主要是经商、贩香料及药材甚多，今传《海药本草》六卷，专记此类药材。其中如"乳香、木香、丁香、没药、血竭、肉豆蔻"，现今均是中药习见之药，而其源皆出于伊斯兰商旅，后亦皆收入《本草纲目》中。

元代，鉴于回药及医术确实有益民生，曾设广惠司，

后又设回回药物院。回人忽思慧也撰有《饮膳正要》，论食疗方甚多。医药活人，兵器杀人，回族兵器也很可观。杜甫曾作《荆南兵马使太常卿赵公大食刀歌》咏其利兵。宋元以后，兵器进入新时代，火药发扬光大者实为回族，《明史·兵志》中"元初得西域炮，攻金蔡州城，始用火"，即指回回炮而言。时并为设回回炮手总管府，南征襄阳、西征欧亚，均仰此利器。

传统武技部分，伊斯兰教徒自固保卫之意识很强，清真寺多为锻炼强身之中心。回族武术，因此而在我国武术中独树一帜。著名拳种，如弹腿、查拳（查密尔创，明中叶创于山东冠县，后普及北方），均极负盛名，传习者则不限于教门中人。我少时练北派长拳时，入门就是十二路弹腿，工架沉稳，格度大方，确为扎底的好拳种。

回人还擅长买卖珠宝古玩。上海现有的清真寺为伊斯兰教徒著名聚居处，其城隍庙、古玩街，过去便多由回人经营。其他可说的还多的是。伊斯兰文化，在我们身边太久了，反倒令我们不太能辨识它们的存在。

三、所谓华人，其实是包含了各种族的总称。同理，所谓中华文化是许多文化的总合。"华人"与"中华文化"，本来就是在多元文化中形成的

过去，有许多人以一元论的角度来描述华人与中华文化。例如有人持中国人种西来说。人种西来，实则包括人种、神明、物品、器用，技术、神话、思想亦均有西方之色彩。苏雪林论《离骚》《九歌》《天问》，谓其源于巴比伦，即是如此。胡怀琛谓墨子为印度人，说墨子长得黑，主张兼爱非攻，其天志明鬼之说、摩顶放踵之行，均显示墨子当为一婆罗门。卫聚贤考证墨子应为印度人甚或阿拉伯人也都是如此。西来之西，或指印度、或指中亚、或指两河流域、或指地中海，总之是异域灵根来此开花的。

相对于人种及文化西来说，则有中华文化向其他地域散播的"泛太平洋传播论"。其认为中国文化不仅传布于中国沿海及南太平洋群岛，也渡过白令海峡，传布于美加地区，或南至中美南美。如南美之玛雅文化就与中国颇多相似。

但近来考古学界倾向多元论。世界人种未必出于一源，即或均源于北非或某地，文化仍可能是在不同地区分别平行发展起来的。1974 年威利和萨布洛夫（G. R. Willey & J. A. Sabloff）《美洲考古学史》一书总结百余年来的美洲（包括中、南美洲）考古成果，即指出旧有对史前乃至历史时期的考古文化分期完全不适用美洲文明的发展。例如美洲不存在

旧石器时代文明，在西班牙入侵前也根本没有铁器时代，而所谓的"青铜时代"在美洲也不明确。

斯平登（Spinden）在1928年出版的《墨西哥与中美洲的古代文明》一书中，更明确指出：秘鲁和墨西哥的古代文明以及邻近这个地区的各种文化，都是独立地从美洲早期农耕村社中发展起来的。杰克·哈兰（Jack R. Harlan）1971年《农业起源：中心和非中心》一文，则认为全世界有三个原始农业起源中心，即：（1）美洲，特别是中美和南美；（2）近东及非洲地区；（3）中国及东南亚。这几个中心的农业文明是彼此独立且平行产生的。

凡此，可显示考古学界基本上认为：不仅北美洲和南美洲是互相独立平行，甚至整个新大陆和旧大陆的文明也是彼此独立平行的。而这样的结论，与中国的情形正相仿佛。早期以黄河流域为中华文化之起源中心，现则认为有多个起源。过去我们讲古史，都是以皇帝为主，一元下衍式地讲三皇五帝奕叶相承，说中华民族都是黄帝的子孙。即使是顾颉刚所提古史层累说，其实也是一元的，是指传说一层层地添饰。

但自徐旭生《中国古史的传说时代》、傅斯年《夷夏东西说》、杨宽《中国上古史导论》以降，出现了一种民族神话史观，认为中国至少有东西两大神话传说系统，与民族之分布有关。邹鲁所传，多为周人西戎之神话；淮楚所传，多为东夷之传说。王孝廉《中国的神话世界》更广涉东北族群

（通古斯、蒙古、朝鲜、藏）、西南族群（氐羌、百越、苗蛮、台湾）、中原民族（汉民族共同体）等。也就是说，考古与神话研究，渐渐从跨地域传播的角度，转换到地域分布的观点，认为文化是由一元拓传者减少，认为文化是由多元并起，平行发展，其后再有交流互动者渐多。

在思想文化方面，梁启超有《地理与文明之关系》《亚洲地理大势论》《中国地理大势论》《欧洲地理大势论》《近代学风之地理的分布》等文，论证地理与文化学术有密切关系。谓地理民俗之分殊，在哲学、经学、佛学、词章、美术、音乐各方面都会形成南北风格的差异。刘师培《南北学派不同论》《南北文学不同论》更具体地分析了南北学术与文学之不同。胡适有时也会采用这个方法，例如他和顾颉刚论汉初学术，就都喜欢说"齐学"如何如何。也就是说，中国文化内部也是多元化的。每一个地域中形成的学派，都有它的渊源、发展和流变。故学术非一元下衍或一元众流，而是多元并起，平行发展的。

傅斯年和雷海宗对中国史的分期，就本于这种认识。傅氏反对用西洋上古、中古、近古、近世四期划分国史，而采用种族的标准，区分上古至南朝为纯汉族之中国，隋至南宋为胡汉混合之中国。雷海宗的说法与之相似，认为淝水之战以前，是古典式中国，为纯汉民族创造的文化；其后则为胡汉混合、华胡同化新中国。凡此之类，均可见华人与中华文化是在多元格局中形成，其本身亦具多元性内容的。

如今，这种多元性愈形扩大了。一方面，中国人散处世界各地，中华文化的疆界性与民族性或国族的联系，都与从前越来越不相同，"中国人"也变成了国籍上分隶不同国家的"华人"。另一方面，地域上的"中国"又因体制上分途，致使同一文化体出现了几种历史进程与文化的社会实践，中华文化与区域文化间亦形成辩证的发展。

四、上述这两点，都与整个世界之全球化有关。因此，我们也有必要就全球化的问题再加讨论

全球化的概念，争论甚多，对于世界何时开始全球化，论者也有不同的看法。华勒斯坦认为始于 16 世纪殖民主义开始并建立资本主义世界体系之际，另有些人则主张始于跨国集团兴起时，或起于固定汇率废止时、东欧集团瓦解时，等等。

但无论怎么说，全球化云云，都是针对"民族国家"而说的。表明现今社会已不再是一个以民族为主要行动者的场域与时代了，它强调跨国行动者、跨国认同、跨国社会空间、跨国形势、跨国过程中的冲突与交错等。在全球化这个趋势被学界普遍重视之际，文化全球化的说法也甚嚣尘上。

所谓文化全球化，又称"麦当劳化"。意味着生活风格、文化象征和跨国行为方式之统一化与普遍化。不论是在德国

巴伐利亚的乡村，或是在印度加尔各答、新加坡，还是里约热内卢，都有人在"消费"电影《星球大战》、穿蓝色牛仔装、抽着象征"自由、未开发的自然"的万宝路（Marlboro）香烟。所以"欧洲迪士尼乐园"总裁才会说："迪士尼的特色有普世的适用性。您若想要使一个意大利小孩相信Topolino（"米老鼠"的意大利称呼）是美国的，您一定失败。"似乎一个文化方面的单一世界已隐然成形，到处争谈普世价值。

但罗兰·罗伯森（Roland Robertson）却认为并非如此，他说全球化并不即是单面向的全球化，单面向的全球化才是全球化争论中误解的来源。因为从经济的考虑可以知道：全球化不只意味着"解地方化"，而是需要以"再地方化"为先决条件。"全球"，从字面上而言，是无人能制造出来的。而且正是有"在全球范围"生产和营销其产品的公司，才必须发展地方的条件。一方面，它们的产品形成立基于地方的基础上；另一方面，能在全球范围内营销的文化象征，必须汲取地方文化的原材料，如此才能生动、具爆发力和多样化地发展。

"全球"意指"同时在多个地方"，亦即跨地方（trans-local）。因此，在大企业集团的考虑中，这种地方和全球的关系扮演重要的角色，并不值得惊讶。可口可乐和新力集团将他们的策略描述成"全球地方化"。他们的主管和经理均强调，全球化并不是指在世界上各个地方建造工厂，而是指企业产品成为各个文化的一部分。这种认识、这种企业策略被称为"地方主义"。随着全球化的实现，地方主义也越来越重要。

可是，"再地方化"也不一定就表示地方的复兴，因为在地方色彩的复苏中，也同时隐含着解地方化。或者说，再地方化是经由无止境的解地方化来进行的，不能等同于单方向的"继续这样"的传统主义。那种古老的、狭隘的乡土主义，现在已不再具有实践力。这是因为表现地方意义的相关架构改变了。故地方文化不再能直接透过对世界的防御来证明自己的正确性，决定自己的方向。这个讲法，瓦解了旧有民族文化想象。过去我们总觉得每一个社会或是一个社会团体都具有"一个"、"自己的"、与其他文化有区隔的文化。

此种想象可追溯到19世纪的浪漫主义，并且在本世纪由人类学继续发展，特别是被视为将文化理解成整体、形态或结构的文化相对主义。可是，现在我们注意到：这"一个"文化是在全球的关系网络中，参与到许多文化中，不断辩证地发展。不但可口可乐在中国化，中国产品也在世界各地地方化。马腾·哈杰尔（Maarten Hajer）曾描述过"地方的跨国化"，他说："跨国化在文化、人和地方之间产生了新的连接，而且因此改变了我们的日常生活环境。它不仅将至今少有人知的产品（例如 Durians、Ciabattas 或 Pide）带进了超级市场，将符号和象征（例如中国和日本的文字或是伊斯兰音乐）带进了我们的城市，而且还有许多新团体和新人类出现在城市中，他们塑造了许多当代公民对大城市的认知。这些人包括了非洲人、波什尼亚克人、克罗西亚人、波兰人和俄国人，还有日本人和美国人。"全球的地方化，事实上同时也就是这种地方的跨国化。在这种新情势中，"一个""自己的"文化实际上并不存在。

贝克（Ulrich Beck）《全球化危机：全球化的形成、风险与机会》中说在跨国社会空间中，非洲不再是那一块非洲土地的大陆，而是一个概念：非洲不是地理上固定大小的一块地方，不是地球上可界定的一个区域，而是一跨国概念及其衍出。此非洲概念，在世界上许多地方（在加勒比海、在曼哈顿的贫民区、在美国南方各州、在巴西的嘉年华会，甚至在伦敦举行的、欧洲最大的街头化装舞会中）上演。

在伦敦的化装舞会中，面具、音乐、服装及舞蹈的选择，都依据一个主题来计划和设计。在主题的选择上，有两个原则：一、这些主题吸收了具有世界普遍性的文化"非洲"概念；二、这些主题同时也契合了伦敦市郊黑人次文化的特色。可是，整个非洲大陆没有一件事物能符合在伦敦街头上演的非洲。而且，在疆界业已消失的世界社会中，非洲在哪里出现？位于哪里？在殖民地者于非洲遗留下的废墟中？在处于现代化中途的非洲大城市中？在非洲的四星级饭店中？在有组织的非洲旅行团中？在美国黑人的寻根希望和幻影中？在西方大学撰写的非洲书籍里？或者在加勒比海区域以及文化的五光十色中？或者，甚至在英国黑人次文化对于民族认同的争取中？

本此，贝克也在问："什么是欧洲？""欧洲不是一个地理空间，而是一个'想象的空间'。"对于中国、中华文化，我们同样也可以做这样的类似思考。中国在哪里？在北京中南海，在台湾孔子学院，在苗族、瑶族的歌舞里，在南投县集集镇大地震的灾区中，在花莲慈济功德会，在东南亚各宗乡会馆，在马来西亚的华人社会，在欧洲的中华餐馆，在越南、韩国、日本的孔子庙，在北美各地的唐人街……无所不在。它也不是一个地区，而是一个概念，而且这个概念还正在与各所在地文化融合抟塑中，形成了在中国的中华文化、在北美的中华文化、在东南亚的中华文化、在纽澳的中华文化，等等。这是华夏文化的一个新局面、新社会空间。

本次大会[①]，主办单位在给我的信上，曾说："海外华人素来重视文化传统，并致力其传承发扬。唯在全球化的冲击下，部分华裔新生代对源远流长的文化怀着疏离的心态，有者更建议与民族文化断奶，而以本土文化，特别是以西方强势文化为依归，认为无必要向中华文化汲取营养，引起文化断层的隐忧。"我知道主办单位希望我就此提出一些对治之药方。而以上所谈，即是我对这个问题的解答。

如前所述，中华文化从来就是在多元格局中形成及发

---

① 2003年11月29日，在马来西亚的华人与中华文化在多元社会的传承与发展研讨会。——编者

展的，不是今天才开始面对多元社会。多元文化相互激荡交融的过程，也就是中华文化形成与发展的经历。因此，文化的承传与发展，在动态的关系中，根本是一体的，同时存在着。一个民族、一个区域，属于它们的本土性、自我性，也随时交融进了多元互动的大脉动中，我中有你，你中有我。细细检别，固然仍有不少东西，像上文第一节所令述的伊斯兰文化和回民那样，可以追考得出来它的来历，但大多数是融合无别的了。在我们所谓的中华传统文化中，有太多原本是伊斯兰教文化、佛教文化、基督教文化的内容，老传统又跟新传统融合。

东南西北，更是异俗殊风，相与和会。所谓中华料理、中国菜，可能是东甜、西酸、北咸、南淡，什么都有，什么都算上。所谓中华传统习俗，端午龙舟竞渡，是楚越风俗；中元盂兰盆会，是佛教影响；中秋赏月想嫦娥，是华夏民族的神话；过年聚餐吃水饺，是满人习俗；烧饼，则是印度传来的……诸如此类，在在显示我们不能以静态的、固化的眼光来看待中华文化。中华文化不是"一个""自己的"且与其他文化有区隔的文化，却也不是与其他文化毫无区隔的。别的文化会不断加进来，中华文化也会渗透参与到许多其他文化中。

我们注意到全球化对中华文化的冲击，但我们一样得注意中华文化的跨国化情势也同样在扩展。在全球各地，都可见到中华文化。中国，在跨国文化空间中，亦不只是地理上固定的一个区域，而是个跨国概念及表现。用贝克的话来说："什么是中国？中国不是一个地理空间，而是一个想象的空间。"它是一个概念，这个概念正在与各地的在地文化融合抟塑中。

假如我们这样来理解，则"文化断层"或"文化断奶"之忧，或许就可稍稍弛解了。只有把文化想象成一个具有本质性的、固定的东西，才能说我们要切断它，或用另一个（本土的或西方的）来替换。现代化时期的文化论者，往往如此主张，故亦必引起传统文化保存主义者的反弹，认为如此断奶，必将形成文化断层。其实文化问题不是这样看的。

后真相时代的社会语文学

我们语言学界，主要是做静态的结构分析，在封闭的言说体系中研究在古书中穿梭的技术，对生活世界不甚关心。

语言在这个社会中实际的存在及发展状况、在社会交往中的语言、语文的教育、语文的运动、语文的政策等方面，研究者都极少，更不用说覃思如何透过语言进行社会实践及文化改造了。

我对此现象，颇以为忧，因此常想有些开拓。

一

语言对人有什么重要性呢？最基本的，当然是因为人必须靠语言来沟通。但你不要误以为语言只是沟通的"工具"。

我们使用语言时，是凭着信实的动机和正当的行为才能让语言准确传示意义。所以准确的语言，是诚实社会生活的先决条件。假若语句一片混乱，充满了虚饰、夸张，或者牵强、枯燥与错误普遍存在，则沟通便不可能，而社会也生病了。故当代思想家无不致力于语言之探索。

要用语言来抵御智力之蛊惑，把现代的逻辑跟科学方法视为一种形式语言和科学语言的运作，而在哲学上引发了方法学的大革命，开启了逻辑经验和语言分析的各种流派。

把语言放到社会中信息之传扩与沟通情境中去观察，发现语文不但是最普遍的沟通、交换符号，也是一切沟通行为中结构最严明、意义最清楚的；一切社会间联姻、货币关系，均可以语言结构来了解，遂又形成了符号学、结构主义、语言心理学等学派。

而那些注意到沟通问题中道德因素的人，则相信稳定清晰的语言是民主而开放社会的必要条件，因为唯有祛除了语言的暴力与欺罔，社会才能真正清明。

因此，我们虽不敢说对语文的关切是一切当代思潮的特质，但忽略了这一点，确实无从掌握这个世纪的思想脉动与社会发展。而且，恐怕也没有资格做一个现代人。

在现代与语言有关之学说中，许多不仅出于理论的兴趣，还会有社会实践功能，企图由此进行社会改革。

例如哈贝马斯的批判诠释学，就是针对晚期资本主义社会的反省。它把人的行为分成两类：工具行为与沟通行为。工具行为，即人依技术进行的劳动，涉及的是人与自然的关系。沟通行为，是人与人之间的相互作用，通过对话，人们的理解达成一致。而人类奋斗的目标，并非劳动之合理化，而是沟通行为的合理化。因为前者意味着技术控制力的扩大，后者才能有人之解放含义。在晚期资本主义社会，却恰好是因科技越来越发达，人的劳动越来越符合科技之要求，技术的合理性变成了对人之统治的合理性，以致人的沟通行为反而越来越不合理。故而，要改造这个社会，我们就必须强调生活主体间进行没有强制性的诚实沟通、对话，以求得相互谅解。要达到此等理想，一是得承认和重视共同的规范标准，属于他所谓"沟通伦理学"范畴；二是须选择恰当的语言进行对话，他称为"普遍语用学"。

哈贝马斯之说，不过是一个例子，诸如此类，企图从语言上觅得改善社会之钥者，实不乏其人。殷海光等人之所以提倡逻辑实证论，也是以为此有助于社会的科学化、民主化的。

1985 年我在台湾办"《国文天地》"，即是顺着这个思路，想改变语言学界，直面社会。故我在该刊一周年时曾说：

> 在一个信息传播快速的新时代里、在一个大众消费文化兴起的新世纪中，我们是不是应该面对这许多问

题，以新的方式，整合人力和传播功能，重建一个"国文"的社会辅助教学系统，以介绍一般"国文"知识，探索文化走向？这就是当初创办《国文天地》杂志的原因。事实上，这本杂志不同于民国以来所有同类刊物，这不仅因为它是一本"国文"综合月刊，更是由于它在编辑理念上和媒体功能上较为特殊。首先，我们认为语文教育不只是学校教师或学生的事。整个社会的语言环境，有赖大家共同参与创造，而语文之学习，更是每个人终身教育的重点。只要一个社会还有心反抗语文的污染、思索语文的问题、提供语文的润泽，即应该有这样一份刊物。何况，语文的强化，对于国家社会来说，不独是传统的延续，更是文化重塑的第一步，属于一种社会工程，需要花极大的气力和关注来处理。

《国文天地》是一本"知识的、实用的、全民的国文刊物"。每期策划了"国文在民间""信息时代的国语文""编辑工作中的文字问题""科学与中文""经典与现代生活""生活里的国文""文学改良以后""国文教授论报纸标题""广电传播媒体的语文问题""中等学校诗词教学答问""问题重重的大学国文"等专题与座谈会。

我当然也关心学校里的语文教学，但我不是要编一本让学生补充学习之读物；协助教师们教好课本，也只是附带的目的。我要做的，是改革原有的教学体制与观念，强调语文不只是现在学校里的那一套。那些，仅属于"历史语文学"，亦即语文的一部分历史现象。可是语文有其现世流变性，也有其社会性。

在目前社会文化大变迁的阶段，语文本身所遭受的冲击、使用及研究语文的方法态度，均有了重大的改变。例如社会上流行的语词、招牌广告和网络用语，就反映了我们这个社会对语文的运用；翻译，也严重影响了我们的语法、语汇和思考模式，丰富或扭曲了语文原有的范域。这些，都应该在这本刊物中展现出来，而不能再局限于原有的语文知识体制和教学方式。

同样地，整个语文环境都不同于往昔了，信息与科技涉入我们每一天的生活，社会结构与组织规制剧烈变动，语文及其教学的功能、目标、性质，自不可能仍与从前相同。

这是一个社会语文学的新天地，其中虽也有不少历史语文现象的讨论，但精神意趣，毕竟别有考虑。故主要撰稿人固然是中文学界学者、中小学语文教师，亦有大量作家、媒体传播工作者、社会人士参与。在讨论广告、科技用语、流行语、外来语、新生语等问题时，也往往因学者们本来都没有从事过这类研究，而不得不拉人逼稿、赶鸭子上架。但胡拼蛮凑，总算是打开了一个新局面，社会语文学的讨论，渐渐成形。

二

后来我发现大陆的语文学研究，与台湾的情况相近，也是到 20 世纪 80 年代中期以后，才开始展开社会语言学的研究。

1987 年中国社会科学院语言文字应用研究所才召开第一届社会语言学会议，后出版论文集《语言·社会·文化》。次年，语用所所长陈章太《从我国语言实际出发研究社会语言学》①一文，说明了这个学科兴起的原因，一是引进了 20 世纪 60 年代美国的社会语言学，二是"建国以来，人们只注意到调查研究方言和标准普通话两端的情况。……我们国家有许多语言政策（包括新时期语言文字工作的方针和任务、双语双方言问题等），需要从社会语言学的角度对它作出解释"。

这两个原因，台湾都没有。但不同的社会脉络与学术环境，却不约而同地在 20 世纪 80 年代中期出现了社会语言学的研究，实在可说是件有趣也有意义的巧合。

大陆的社会语言学，形成的主要原因既然是为政府政策做说明，则其研究必然"突出实践意义"。只不过这种实践与我在前文所说的社会实践不同，还是政治实践的意味较多些，故其主要推动机构，乃是国家语言文字工作委员会。其

---

① 此文为陈章太与陈建民合写。

前身就是 1954 年即成立的"中国文字改革委员会"，是负责中国文字改革之最高指导及执行机构，各省市皆有分会。但除了有关政策之制定外，它亦为一庞大的研究单位，在学术上纳入"中国社会科学院"，称为应用语言研究所。行政管理方面，该委员会与新闻出版署、国家教委、中国地名委员会等有直接关联。学术研究方面则与各省级研究机构、中国语言研究学会、全国汉语方言学会等团体有密切联系。

几十年来，该委员会主要策划推动的文字改革，包含以下各项：一、汉语拼音；二、正词法基本规则及施行细则；三、整理异体字；四、规范汉字字形，对文字的笔顺、笔画次序、笔画数等，皆予以标准化；五、更改地名生僻字；六、淘汰部分复字计量字；七、汉字归首及查字法，1983 年提出统一部首查字法草案，为二百零一部；八、简化汉字；九、推行普通话；十、汉字资讯工程等。

这些工作，事实上也就是社会语言学里主要的内容。但陈章太说过，他们的研究除了要对之进行解释外，"还需要进行预测，以便提供政策依据"。要预测，即须注意社会变迁，注意社会变迁所带来的社会及社会心理变动，对语言变异造成的影响。

1989 年 8 月，我与周志文、竺家宁、朱歧祥、黄沛荣、李寿林诸先生同赴语委会，与陈章太先生等人讨论两岸的文字问题。讨论的内容，另详我《简化字大论辩》。

同年 11 月我成立"中华两岸文化统合研究会"。1992 年与北京师范大学合办"海峡两岸汉字学术座谈会",与北方工业大学合办"海峡两岸文化交流研讨会",其后出版《从文字到文化》。在台北另由"中国文字学会、《国文天地》"办了一些活动,共同促进这类讨论。第一次汪辜会谈在新加坡举行时,两岸语文问题亦纳入双方共识之中。

1993 年我又去北师大参与创办"汉字与中文信息处理研究所",希望对中文在信息上的运用及信息社会中之语文环境做点研究。

三

两岸交流、社会结构变迁及科技发展,对整个语文生态实有不可忽视的影响。例如大陆上港台语汇之流行、繁体字回潮、繁简体文字转换技术更新等,均值得深入观察。而同样地,在这之间,台湾的语文环境也有极大的变化。

20 世纪 80 年代后期,因解严而解放的社会力,随着政治权力争夺、经济结构调整,导致本土化思潮逐渐加温。我在台湾学生书局担任总编辑时,出版了郑良伟的"《从国语看台语的发音》",让我了解到一个与社会、政治、权力、感情、意识形态相纠结的语文论争时代终于来了。

郑先生推动"台语话文运动",1989 年、1990 年分别又在《自立晚报》出版《走向标准化的台湾话文》《演变中的台湾社会语文》。这个"台湾话文运动"既已如此展开,我便在1990年的"文学与美学"研讨会上,邀廖咸浩对此进行讨论。不料他从语言理论上写出《台语话文运动之囿限》,引起了很大的争论,弄得他很不愉快。

因这本来就不是语言学理的问题,而是政治问题或社会问题。这个问题,嗣后持续发烧,遂成为语言学界热门领域,由之形成了语言政治学或语言社会学的样貌。许多本来做形式分析的先生们转而从事于此,例如黄宣范即表示早先所做抽象的形式系统颇为不足,"宣布加入开拓台湾语言社会学的行列"。罗肇锦、姚荣松诸先生对客语、闽南语的研究,有时也涉及这个领域。

台湾语言学界重要课题对象,过去是"国语",现在则是闽南语、客语、南岛语系。而且这些语言亦非"方言"这个概念所能涵括或指涉,整个研究更有离开汉语以建立该语言之文化主体性意味。

不过,无论如何,你会发现:社会语言学已经成为语文研究的新贵,纵或它尚未占据主流,然而风气转移,台湾现在连要找人做语言结构形式分析或出版这类著作,恐怕都不容易了。

四

社会语文学又是关联于文化研究的。陈原的文章就曾说过："社会语言学这门学科在这里的发展道路是具有中国特色的，这特色可归纳为两点，一点是它突出了实践意义，另一点是它重视了文化背景。"由后面这一点看，文化语言学可以是社会语言学之一部分，但文化语言学也可仅从哲学、文学、语言、宗教、艺术方面进行语言研究，此即非社会语言学所能限。不过两者间颇有交涉及关联性，则是非常明确的。

文化语言学虽然 1950 年即有罗常培的《语言与文化》，但语言学界并无继声。20 世纪 80 年代中期以后，大陆兴起文化热，语言学界逐渐从社会文化角度去看语言。1989 年上海教育出版社出版《语言文化社会新探》，第一章就是《文化语言学的建立》，1990 年邢福义主编了《文化语言学》，1993 年申小龙出版《文化语言学》。1992 年第三届社会语言学学术讨论会并以"语言与文化多学科"为主题。文化语言学显然已正式成为一个学科，在大陆已形成热烈的讨论。

但若观察相关研究，可说基本上仍不脱罗常培的路子。罗氏《语言与文化》下分六章，分别从语词的语源和演变看过去文化的遗迹、从造词心理看民族的文化程度、从借字看文化的接触、从地名看民族迁徙的踪迹、从姓氏和别号看民族来源和宗教信仰、从亲属称谓看婚姻制度。这六章也就是六个方向，若再加上方言、俗语、行业语、秘密语（黑话）、性别语等特殊用语的文化考察，差不多也就涵盖了今天大陆有关文化语言学的研究了。

但文化语言学焉能仅限于此？我觉得它仍大有开拓范围之必要。而且，老实说，他们谈文化也都谈得很浅，缺乏哲学意蕴和文化理论训练。看起来，虽然增广了不少见闻、增加了不少谈助，却不甚过瘾。

再者，是所谓"文化语言学"，它的基底是语言学。因此仅从语法、语汇、语意、语用方面去谈，忽略了汉文化中文字的重要性以及文字与语言之间复杂的关系，或将文字并入语言中含糊笼统说之，殊不恰当。

何况，要从语言分析去谈文化，有许多方法学的基本问题要处理。不从严格的方法学意义去从事这样的文化说解，其实只是鬼扯淡。例如把人名拿来讲中华文化，人名有名为立德、敦义、志诚、志强者，也有水扁、添财、查某、罔舍之类，任意说之，何所断限？或把古代辞书《说文解字》《尔雅》找来，就其所释文字，指说名物，介绍古人称名用物之风俗仪制，而即以此为文化诠释，斯亦仅为《诗经》草木鸟兽疏之类，非诠释学，亦非文化研究。从语言去谈文化，不可以这样曼衍无端的。否则语文既为最主要的人文活动，什么东西都可以从语言去扯。随便解一首诗，例如韩翃的《寒食》："日暮汉宫传蜡烛，轻烟散入五侯家。"不是就有许多典故（五侯、晋文公与介之推故事、汉宫）、民俗文化（寒食）可说吗？随便一句骂人的话"龟儿子"，也就可以从古神话、四灵崇拜，讲到妓院文化、社会风俗以及相关骂人俚语、语用心理等。如此扯淡，固然不乏趣味，实乃学术清谈，徒费纸张，无益环保。

在陈原《社会语言学专题四讲》第二讲"文化"中，他说："语言的结构真的会决定或者制约文化的方式以及思维的方式么？我不以为然。看来研究社会语言学的学者不赞成这个说法的越来越多。"这就显示了语言的文化诠释涉及了语言逻辑中的"意义"和"理解"问题，也涉及符号解释的主体问题以及"符号解释共同体"的问题。

这些问题在语言哲学中均有繁复之争论，不能不有进一步的讨论，而不是采独断式论述即可的。

因为语言结构倘与文化或思维方式无关，那么申小龙等人一系列由汉语语法句型特色来申论中华文化特点的论著，岂不根本动摇？而语言结构与文化有关的讲法，事实上洪堡特（Wilhelm von Humboldt，1767—1835）《论人类语言结构的差异及其对人类精神发展的影响》即曾倡言之。洪堡特继承者斯坦塔尔（Heymann Steinthal）主张透过语言类型去了解民族精神，包括思维与心理等，甚至想把语言学建设为民族心理学。现在我们由语言分析去申论文化特征者，是要重回洪堡特、斯坦塔尔的老路吗？抑或别有所图？我们的方法论、语言与文化联系的观点为何？

洪堡特的路子其实也不是不能发展的。在台湾，我看过关子尹先生《从哲学的观点看》里两篇很精彩的论文：《洪堡特〈人类语言结构〉中的意义理论：语音与意义建构》《从洪堡特语言哲学看汉语和汉字的问题》。他敏锐地抓住洪堡特对汉语与汉字特性（汉字为"思想的文字"、汉语为"文字的模拟"）的分析，结合胡朴安的语音构义理论和孙雍长的转注理论，讨论汉语语法之特性在精神而不在形式，意义孳乳之关键则在汉字，颇有见地。

然而，所谓意义孳乳之关键在汉字、汉文为思想之文字云云，类似的观念，在某些朋友们手中，却还做了更强的推论。有些人认为汉字是汉语文化的诗性本源，而汉字之思维是"字象"式的，具有意象的诗性特质，由本象、此象、意象、象征，而至无形大象，故诗意本身具有不可言说性。因为这种思维及汉语文化具有自身的逻辑开展方式，我们应强化说明此一特色，以与西方文化"强势话语"区别开来。

这民族主义的气魄诚然令人尊敬，但这种特色既然是从汉诗上发现到的，谓其具有诗性、为字象思维，岂非废话？且一个汉字接着一个汉字，构成"意象并置"之美感形态，叶维廉先生也老早谈过，而且谈得更深入、更好。而即使是叶维廉式的讲法，也仅能解释一小部分（王孟、神韵派或道家式）的诗作，对许多中国诗来说，并不完全适用。字象说、诗意不可说理论，能解释杜甫、韩愈和宋诗一类作品吗？此又能作为汉字及汉语文化之一般特色吗？论理及叙事文字也是如此吗？

在国外，如陈汉生（Chad Hansen）《中国古代的语言和逻辑》也从汉语本身的特点来谈中国哲学，但他却反对说中国人的心理特殊以及认为我们有特殊的逻辑，他认为过去用直观、感性、诗意、非理性等所谓"汉语逻辑"诸假说来解释中国哲学，其实均无根据。汉语最多只是由于它以一种隐含逻辑（implicit logic）的方式来表达，与印欧语系有些不同罢了，这并不能说它即属于另一种不合逻辑或特殊逻辑的东西。他的看法固然也未必就对，可是关于这类的论述，似乎都要矜慎点才好。

我自己做文化研究，其实较受卡西勒（Ernst Cassirer）的影响，由符号形式论文化哲学，跟以语言学为基础的语言符号学（Semiology）并不一样。

对于结构主义不做历史研究，我很不赞成。对它以进行语言内部结构分析即以为已然足够的做法，也不以为然。因为语言以外的外部因素（文字、声音、符象、社会、历史、人物、艺术、宗教等）以及它们与语言的互动终究不能忽略。结构主义的非人文气质，更令我无法亲近，不能喜之。它发展蓬勃，运用到各人文及社会领域中，固然势力庞大；但其文化分析其实就是不做文化分析，只分析语言结构，然后模拟到文化事项上来，或根本就把语言结构和现实结构看成是同一的。

同时，依我对汉语文的理解，我也不能赞成仅从语言来讨论文化，在中国文化里，文字比语言更重要。西方语言中心主义的传统，要到后结构时期的德里达（Jacques Derrida）才开始试图扭转，重视文字。而汉字与汉文化，恰好在这方面，与西方文化传统足资对照。

可是从清朝戴震以来，朴学方法，自矜度越前修之处，其实正是转传统之以文字为中心，而改由声音去探寻意义的奥秘。此种建树，连反对汉学的方东树，在《汉学师承记》中都不禁赞叹："就音学而论，则近世诸家所得，实为先儒所未逮。"

此不仅指其音韵之学，更应兼指其以音韵为中心的训诂方法。如戴震所谓"得音声文字诂训之原"，或王念孙所称"诂训之指，存乎声音。字之声同声近者，经传往往假借。学者以声求义，破其假借之字，而读以本字，则涣然冰释"；一直到现在，林尹先生讲因声求义、形声多兼会意，鲁实先先生说形声必兼会意，声义同原，得其语根可以明其字义等，都是以语音为释意活动之中心的。文字学训诂学统统以此为枢纽。此与后来语言学界径以语法为文法或包摄文法，将文字视为"书面语""文学语"，乃至"汉语文化学"这个名称，均为同一性质之发展。

这都是语言中心主义的，也都无法真正契会中国文化传统，必须予以改造，重新重视汉字以及语与文的互动关系，才是正理。

我的《文化符号学》，即是这种具有历史性，同时关注文化之性质与变迁、并由中国传统"名学"发展而成的符号学作品。

卷一论文字、文学与文人；卷二论以文字为中心的文化表现，其中分论哲学、宗教、史学；卷三论文字化的历史及其变迁。自以为打开了一个新的汉语文和汉文化研究的空间。其中谈哲学的部分，我曾以《尔雅》《释名》《说文解字》等书为例，说中国哲学偏于文字性思考，与西洋哲学不同，深察名号即为中国哲学最主要之方法，哲学与文字学乃是一体的。

对于我这种"哲学文字学"的讲法，学棣黄伟雄曾有一文评析如下：

哲学文字学，就龚鹏程的构想上，其重要之处有二：（一）哲学文字学是中国哲学的主要方法；（二）哲学文字学是中国哲学的基本形态。

就中国哲学的本质而言，龚先生的意思是说，中国哲学的本质，就是哲学文字学。哲学文字学作为中国哲学的方法论，其结果是哲学文字学为万事万物"正名"；万事万物通过"正名"，得到了万事万物的本质。因此哲学文字学的工作代换了中国哲学的工作，进而取代了中国哲学的位置。中国哲学在上述的意义而言，取得了与西方哲学不同的独特本质，不会成为所谓"一般哲学"（General Philosophy）的西方哲学意义下的"地方哲学"。

以"正名"作为"究原"的方法，其原则是"名实相符"。

名实相符不同于西方哲学的符应说（Correspondence Theory），因为正名的目的有二：（一）赋予万事万物的本质。（二）赋予万事万物存在的价值，此价值不只是存在论上的，而且是伦理学上的。

我的讲法尚有发展性，在史学、文学、宗教、艺术、社会各方面，这几年也都发展，希望能建立一个足以与西方对话的符号学文化研究。

1996年我聘李幼蒸先生至台湾南华管理学院担任研究员，推动在世界符号学会中设中国符号学圆桌会议。后虽未果，但李先生另写出了《欲望伦理学：弗洛伊德和拉康》。台湾南华文学所学生也举办了"文学符号学研讨会"，邀请各校参加。我则与林信华等人组织了符号学会，并获台湾"教育部"补助成立了符号学研究室。

林信华亦出版了《社会符号学》，从"作为文化科学的符号"讨论符号的意义与社会生活、传播意义的符号系统、书写符号系统的文化表现能力、艺术生活的符号结构、弗洛伊德与拉康的符号理论等。周庆华则有《语言文化学》，对各种语言现象加以文化解释，评述大陆的文化语言学发展概况，并讨论后现代的语言文化观。此外，则如南方朔，亦出版了《语言是我们的居所》《语言是我们的星图》。他们的著作，代表了语文符号之文化研究在20世纪末期的进展。

回顾这个进展的历程，当然感慨良多，传统的文字音韵领域，风华退散，路转峰回，由社会语文学、文化语文学、符号学等处展开生机。或假西学以接枝、或汲往古而开新、或移花换木、或么弦别弹、或隔溪呼渡、或曲径通幽，种种机缘，各色样貌，足以征世变，而亦可卜其未来必然是大有发展的。挥纛前行，我仍想号召同道呢！

中国已无文采

一

中国有一本古老的书叫《尚书》，收集了古代最重要的文章，如《尧典》《舜典》《大禹谟》等，整个夏商周三代的历史，俱可由这些篇章考得。因此近代研究《尚书》的人都是为了借它了解古史。

然而自清初辨《古文尚书》之真伪以来，研究《尚书》的人总在材料上肆其考证。考的是材料，《尚书》的语言、文字、事义、传抄、篇卷、次第等。考这些材料的方法，也仍是材料：纸上的和地底下的。此即王国维所说的"二重证据法"。

讲考证的朋友奉此语为无上秘要，其实可笑，因为材料不是证据。且"《周书》论辞，贵乎体要"，此又岂考证所能为哉？

再说了，考证上古文献的基础是文字学，而真正好的文字学家，却都是诗人。如近代章太炎、黄侃、王国维、陈梦家、郭沫若，谁不是诗人呢？小学功夫，一般人总以为襞积重重，贵在征实，实则文心奥窔，非神思妙悟，难有所入。若非诗人，就只显得笨。二重证据？那只是王国维用来告诉笨伯的门面语罢了，真正的本领仍在诗心、神思、联想、触机、感通等处。

此外，我们也不能把文字学、音韵学崇高化，认为国学大师之标准，就在于是否通小学。不知小学仅是小学，入学之基，通之何难？况国学中更有大人之学乎？

即就小学言之，现今也不应以清代为标准。因为我们已不是清朝的文字学家了。他们所要考释的，只是古书上的文字。民初以来，增加了一项任务：还要处理新出土材料上的文字问题，如甲骨、敦煌写卷。

马王堆汉简、郭店楚简、清华简、北大简等更是可观，吸引了无数文字学家关注，动不动就要出来爆料一下，说又发现什么珍贵的简帛，可以破译什么古史了。自媒体、网站更是喜欢这类话题，以博眼球。可真要他们做，又做不出什么，一个长沙马王堆，《简帛集成》就忙了四十年。

其实那些东西，既然几千年没人看过，当然也就没有任何影响，跟几千年来之中国可说毫无关系，有什么研究之价值？

纵使这跟恐龙蛋一样，也不妨有人去研究研究。但我们毕竟活在一个新的时代，这个时代另有几个问题，比历史上的文字问题更为紧迫、更为重要，乃是现在这些文字学家所没意识到或未及处理的。

二

这个时代还有哪些文字问题呢？

一、新文化运动以后，白话文盛行；社会也因为现代化变迁，而出现了一个迥异于古代的语文环境。这个环境里的语文问题，根本不是考释古书古文献那套本领所能处理的。

二、清末以来，中西交冲，遂有汉字改革之议，想模仿西方人采用拼音文字，结果形成了拼音及简化字。这种文字改革运动又因受政治影响，竟形成民族文化的大分裂。台湾仍使用繁体字，大陆则改行简化字。这个问题该如何处理，正考验着我们这代人的智慧。再加上新科技的发展，汉字有计算机化的困难，急需肆应。古代虽有"字样学"，规模与内容远不能跟今日相比。

三、明清时期，华人出洋谋生者已多，近百年来规模越扩越大，海外华文教育的问题乃越来越严峻。而全球交流愈形热络，外邦人士学习华文的情况也就愈普遍。两方面的需求，共同促成了一个华文教育新时代。对此时代，我们如何因应？由此延伸的，还有华文文学的发展、华文出版的问题呢！

以上这些问题，是我们这个时代必须处理的，急迫性更大于考释古文字、说明历代语文之变迁。

四、文字的哲学问题、文化问题。如《说文解字》，大家都说那是中国第一本字典，可是许慎写这本书难道只是做编辑吗？其体例始一终亥，乃是在表达他的世界观呀！文字从来不只是工具，还体现着民族的思想、价值，对世界的指涉。使用文字的人，也从不仅是被动地使用，他还会创造新义、变更指涉，以满足他对人生的诠释。老子的道、孔子的仁、孟子的义、荀子的类、墨子的兼，都是"强为之名"的，有其特殊哲学意涵。故做哲学探究，在中国，最重要的工作，就是董仲舒说的，要"深察名号"。我们现今论文字，更应由此着手，做哲学文字学的处理。清代文字学家，除著《孟子字义疏证》的戴震以外，涉足于此者鲜矣，更甭谈由此进行中西哲学的对勘比较了。

这些合起来，就是中国语文研究的新天地。我们能于此开天辟地吗？

三

台湾曾有出版社邀我写一本《文字学》，我拟想的内容，就是历史文字学、社会文字学、交流文字学、文化文字学、哲学文字学五大块。这才是文字学的全貌，现在的文字学太窄也太浅了。

但书后来没写，因为"托诸空言，不如见诸行事"，我选择直接办点事。

开端行动是创办近代第一本社会语文学刊物"《国文天地》"月刊。不仅要研究活的、社会的语言文字现象，还想做汉字统合、推动全球华文发展等事。

汉字统合，有个大的思路或脉络，不是孤立地反对简化字，是涉及近代思潮之反省的。怎么说？

我们穿任何衣服，都有得不得体的问题。所谓得体，有三个层面，首先是合身体之"体"，指衣裳之大小、长短、厚薄合不合乎我们的身体。其次是合身体之"身"，指所穿的衣裳合不合乎你的身份。再者，得体还有合身体之"合"的层面，即场合问题。不同场合该有不同的穿着，没有人会穿着晚礼服去踢足球。

穿衣如此，说话亦然。语言有其身体层面，就是语种、语系、语音等。如果我们讲中文而怪腔怪调，仿佛洋人，或不合中文语法，谁听了都会匿笑，认为语言不得体。

同样，语言也有其身份层面。士大夫、下里巴人、男人、女人、官场，各有其不同的语汇、语用方式，绝不相同。如不注意，也会闹出笑话或乱子。

再就是语言之场合问题，比穿衣更为讲究。有家室之语、有庙堂之言，不得相混。文章中为什么会有各种文类之区分，不就在处理这个问题吗？诏、诰、章、奏，行之于庙堂；书、札、哀、启用之于友朋；传、志记于身后，饯、序发诸离筵，场合不同，内容与口气就都要随之调整。

四

这些都是常识，应该没什么可争议的。

然而不然，近代之白话文运动，就是要打破此种语言常规，逆其本性地进行一场语言单一化运动。

在语言之身体层面，白话文运动推动着普通化，事实上削弱乃至消灭了方言。

在身份层面，以下里巴人语言为正宗，谓引车卖浆者流的语言才是活语言，痛诋士大夫用语为死语言、死文字。

在场合层面，对上、对下，亲疏远近，功能、目的都不管，只有一套语言。写信给长官、部下、父母、师友、亲人、陌生人，可以都是"某某某你好"或"尊敬的某某某"。这都会使得语言单一化。白话文运动以来，语言越来越单调直白，即由于此。

之所以要如此单一化，乃是把语言当成强国之手段，因而此事本身也就是语言之政治化。语言政治化了以后，就可将中国之战败解释成是文化衰弱所致；再把文化衰弱，理解为因语文太差，民智无法普及，或文字语言本身就野蛮、落后，所以要废除汉字汉语。

这，一方面是自我循环论证（文化差所以败，败了又证明文化果然差；语文差，所以民智不开，民智不开又证明了语文果然差）；一方面别是找错了答案，把军事上的弱等同于文化弱。殊不知"秀才遇到兵，有理讲不清"，并非秀才之文化就劣于兵，正因兵无文化之故。乃误以为秀才亦当学兵那样不讲理才好，于是竟一个劲地去学兵。

当然，秀才学兵，亦非绝对不可以，毕竟有文事者还须也有武备。但只当学其强健体魄，而非改造自己的语言文化以同于兵。近代却又恰好是拼命朝改造自己语文之路钻。不知改造语文即能强国之例，历史上也是没有的。

当时一根筋，只想到语文须予改造，因为老百姓太愚昧了，所以要用最简单的工具。可是如此一来又陷入语言工具化，忽略了语言不只是工具。

再者，国弱民愚，民愚乃是教育问题，不是因语文太难了才使他愚。白话文运动以来，改革语文者老是批评中文太难，故要简化、拼音化。

不晓得难不难是外国人乃才会有感觉的。任何民族、任何语言，只要从小在其语言环境中自然习得，什么语言都不难，都是"少习若天性"的。英文、俄文、西班牙文、拉丁文、中文、日文、吐火罗文、梵文，对该生活场域中人来说，没有任何差别。一个成年的外国人，脱离了语境，又过了语言习得期，要想学会一套新的符号，则学任何语文都是困难的。差别只在于：语言体系若相近，可以学得较快一些罢了。如果语言体系迥异，像中国人学印欧语、印欧语系人学中文就都会觉得难，久习乏功。

近代语文改革者不知此理，常忘了中国人学洋文也是很难的，竞相站在外国人角度说中文实在难学。

其次，又常抽离"场合"的语境问题，孤立地比较语言，努力论证中文果然甚难。常见的"英文才二十六个字母，中文却要认几千几万个字"云云，即属于这种谬论。

其谬，不仅在于抽离场合，单凭形构断优劣，更因其比较是虚假的。不是要通过比较来看出差距，而是利用比较的方式来说明中文确实繁难。其比较之基点根本就不一致。

英文是字母的组合，中文是笔画的组合。英文要用许多字母才能拼成其文字词汇，中文若也以字的组合单位算，则应该说中文仅有五笔。五笔字型，可以构建所有中文字，谁繁谁简呢？

此外，还另有些先生不以字母或字论，他们根本反对字，认为那是野蛮、原始的表现，必须"进化"到拼音才算高级。他们以英文拼音为模型的思路，更是明确。

如此处心积虑，找理由论证中国语文太差、不利学习，目的是什么呢？从坏处说是汉奸，要亡国灭种；从好处说是好心肠，希望能改善国弱民愚之问题。

可是要改善民愚之现象，重点在普及教育。"五四"以来，许多先生们不花气力于此，反而在改革语文上耗费气力，结果折腾来折腾去，普及教育竟还不如实施传统文化之香港、台湾地区。古人云"临渊羡鱼，不如退而结网"，如今，则是在到底该怎么改造上争来争去，把一张网弄得破漏不堪，而鱼尚不暇捕哩！

本来，"工欲善其事，必先利其器"，欲善其教育，应先改善工具，这种工具论也非全无道理。但简化的工具，必然只有简化的功能，白话文运动，已然将语言简化了；简化字之施行，又把文字再简了一番。语文之繁美精深，竟成了毛病，不复为人所向往。社会上人乃至学者专家，精炼精通者已少，文采斐然则成了奢求。以这样的语文表意，实只等于用梳子舀水，聊胜于无而已。

更可笑者，是本来想改造语言工具，结果人自己被简单鄙俚的文字改造了，从本来可以或追求文质彬彬，变成鄙俚粗俗不堪。以鲁莽要性格，以粗口为常态，即使学术会议和外交场合都不免。至于网络上，各种污言秽语，狂喷不已，更是令人怀疑：这还是一个号称有历史、有文化的社会吗？

所谓社会要有文采，不是要人整天引经据典、诗词歌赋，而是首先要能说人话，不能开口闭口污言秽语猖猖然；其次要吐属文雅，注意遣词造句；再则就是要能时地场合得体，不能单一化。

五

除了单一化、政治化、工具化、简陋化之毛病外，还有一大问题是科学化。

现今之普通话，实质是一套人工语言，参酌北京话、古代官话而造，既不同于古官话也不同于北京话，事实上也不是原先任何省份之自然语言。简化字同样也要如此，乃基于"科学性"之要求，人为地造出这样的简化字及拼音方案，与原先自然形成的语文，颇有差距。

这种人工语言，乃是近代科学领域中的工作语言。例如数理运算、自然科学所用，大多即是人工语言，非生活语言和自然语言。近代语文改革，就模拟这一状态，所以也造就了这套人工语言。试检索当年改革语言文字时的文献，就可发现"科学性"实为其关键词，故此举亦可视为科学化之成果。

但人工语言乃济生活语言之穷而生（例如学术术语、符号、对联、诗词格律、骈文以及文体化之各种作为，都是人工语言），现在倒过来代替了生活语言，事实上就排挤了人工语言领域之发展。艺术语言，如骈文、格律诗等又都被斥为死语言，社会科学与自然科学领域皆大量挪用外国术语或干脆直接用英文。

此一态度，与其工具化是相关的。而语言之工具化又使得语言之文化问题深受漠视。这与西方近代语言哲学、符号学之发展可说恰好相反。西方无论谈语言与思维、语言与人生、语言与神话、语言与服饰等都是关联着文化的；我们则否。我认为这便是近代我国语言哲学或符号学的不发展之内在原因，文化符号学、语义学研究都很差。

改善之道，不是要恢复文言文，而是要强化汉字的活力，复原汉字的风华，发展汉语在世界的地位等。更应重新反省白话文运动之做法与观念，让语文在我们生活中重新"得体"起来。社会上的人乃至学者专家，文辞皆不讲究，简白潦草，毕竟是可羞的。

现在对数学的重视程度是中国历史低谷

我们若去市场买三个瓜、五斤米、一条烟、八两肉，一个瓜十元、米一斤二十五、一两肉四元、一条烟六十二，总共多少？找若干市场里的老婆婆，眼睛一眨，立刻就可算出数字。可你若碰上外国商贩，他想来想去，一件件算，收多少，减多少，加多少，磨磨蹭蹭，会忙得满头大汗。任何人在现实生活中，都可以碰到这样的情况。

再看我们的中小学学生，数学多好呀，教材之难，远远超过同年级的欧美学生；国际奥数比赛，成绩也是呱呱叫的。所以我们的社会大众认知，是对自己的数学能力特别自豪的。然而，大学以后呢？2019年的《中美初中数学教材难度的比较研究》显示，和人教版教科书相比，美国的教科书在代数上的内容难度显著高于中国，在概率统计等实践性较强的分支差距更为明显，在几何上内容难度相差不多。我们的数学就是劣势了。大学学生也不甚爱读"数学与应用数学"，读出来前途比较困窘，往往列名教育部公布的十大就业率最低科系。继续深造嘛，许多人会选择出国。因为数学研究机构目前全世界第一梯队应该是美国普林斯顿高等研究所体系（包括普林斯顿、哈佛、斯坦福等合作高校）和法国 IHES-ENS 体系（法国高等科学研究所 - 巴黎高师体系）。第二梯队是俄、英、德。中国属于第三梯队。所以曾任世界华人数学家大会主席的著名数学家丘成桐就直言：中国数学与世界高水平还存在较大差距。至于国人引以为荣的古代数学成就，祖冲之、《算经十书》，老实说，世界上谈哲学和数学的人，基本不以为意。有人老爱讲中国人缺乏逻辑头脑，不擅数学。因为我们的教科书自己都说：中国的天文历算，在利玛窦这些传教士进来以后就都不行了，被洋人打败了，连钦天监里的职位都由洋人占了。中国数学还有什么好牛的？换言之，我们现在的数学水平，跟大众认知很有落差，是不行的。以致学界又普遍往上推论说早就不行，甚至是从来就不行。且由于数学不行，所以科学才不行。讲数学史的人，很想为中国数学辩护，可是历史研究又不太在行，往往只从《九章算术》谈起。不知在此书及更早的湖北江陵张家山出土的《算数书》竹简以前，那些整数、分数、开方术、方程术、求积数、勾股术等早已存在。所以又把中国的数学说得发达晚了。而正因为"因数明理"是中国人古老就有的态度及方法，故算术的传统悠久而庞大，不是做纯数学研究的专家所能囊括掌握（例如历法、围棋、《易经》、乐律都是数文化的产物，可是现在的数学家基本上不做相关研究），是以想辩也没法辩。这样，我的作用就显出来了。底下我稍微介绍一下我国的"数传统"，并略辩它现在被误解之故，希望鼓舞现在的年轻人继续鼓勇前行。

一、周朝时教国子以六艺：礼、乐、射、御、书、数。数即已为国子的基本知识能力，与书并列。上古之书，原初也常被认为即是由数术衍成，如结绳记事。结绳如何记事呢？据说是"事大大其绳，事小小其绳。结之多少，随物众寡"。大小是质的概念，多少就是数的概念，以数核质，计量而知其事也。其后改用书契。《释名》："契，刻也，刻识其数也。"也仍是计数而知事。故结绳与书契，其始皆是用数来让人知事意的。后来书独立发展另成文字符号系统；刻识数字之法也独立发展，乃成为算数。《世本》称黄帝时隶首作算数而仓颉、沮诵作书，即指这两个系统分化且各自独立的事。现在讲文字学的人，又只推文字起源于图画，忘了它曾从算数来。

二、计数之法，一件事刻一画，两件事刻两画，五件事以上就不好刻了，所以要发展计数符号。甲骨文，从一到万都有。其倍数，如五十、八十、三百、五百，则以合文见意，形成计数符号。数积累，则须有一套计数的方法，我国是采十进制、位值制。这样就可推加到《尚书》中说的"亿兆"，《诗经》说的"千亿"。但计数不只是数数而已，一一相加之外，尚可有减、有乘、有除。现今"九九乘法表"已确定在周朝以前就有了，最早起于何时尚不可知，然《管子·轻重戊》云庖牺"作九九之数"，刘徽《九章算术注》云："昔在庖牺氏始画八卦，以通神明之德，以类万物之情，作九九之术。"是否伏羲时就有，现在我们胆小还不敢承认，但十进制及九九乘除法，中国均为世界最早的发明与使用者，则无可疑。一到万、亿、兆都是整数、正数。可是数会不会也有负的呢？譬如一个人"抱布贸丝"去做买卖，一定有赚有赔。赔了，用数来表示就是负数。而一张饼，三个人分、五个人分，用数来表示，就是三分之一或五分之一的分数。负数、分数之发现与运用，中国亦最早。甲骨文中即已有了分数。数越来越大，再加上分数、负数，往往即非心手思虑所能尽，这时就要仰赖辅助工具，一如现代人用电脑去算。古人则是用算筹，后来又发明了算盘。算筹是跟占卜的蓍草一同发展而成，来源当然极古；珠算的前身，则可能是那种陕西周原出土的四十多枚陶珠，起源似也不晚。汉徐岳《数术记遗》述黄帝时隶首所传之术，其中即有珠算，注谓刻板三分，上下二分，以停游珠，中间一分以定算位。则亦古法也。这类计算工具，在计算机未发明前，举世无与伦比。运算方面，最迟在汉代已能解任意多元一次联立方程式，欧洲要迟到16世纪才能解三元一次方程式。开平方根、开立方根，亦早见于《九章算术》。开任意高次根，解于宋代，五百年后，西方才会。求一元高次方程式的数值解，也早于西方八百年。不定方程式求解，同样也是我国最早、最发达。在求圆面积方面，中国算出圆周率（3.14159265）早于西方一千一百年。等差级数求和的办法，又早于西方五百年……凡此，皆可说明古中国人是善于计数的。

三、怀特·海（White Head）曾说"代数是演示世界定量性的利器"，精于计数而且代数学格外发达的中国人，正是以此为方法去对世界进行定量分析。故数术之用，其实无所不在，并不限于纯数学的领域。《汉书·艺文志·术数略》所载，即含六类：天文（含占星、占云），历谱（包括宿度、日晷、世谱、年谱、算术），五行（包括阴阳、五行、时令、堪舆、灾异、刑德、丛辰、天一、太一、遁甲、孤虚、六壬、羡门、五音等），蓍龟（包括龟卜、筮占），杂占（即占星气、龟筮之外的占法），形法（包括相地、相人、相六畜、相刀剑）。这些现在看起来似多与数学无关，但放在中国思维传统中，却一直是纳入数范围里去理解的。均为数之术，故曰数术或术数。如"筮，数也"；相法，则是相"人及六畜骨法之度数"；历法，向称历算；五行太一等也是算。故《数术记遗》载："隶首注术，乃有多种。及余遗忘，记忆数事而已：其一积算、其一太乙、其一两仪、其一五行、其一八卦、其一九宫、其一运算、其一了知、其一成数、其一把头，其一龟算，其一珠算，其一计算。"可见传统上对数的应用范围极广，直至《四库全书》仍把术数分为"数学""占候""相宅相墓""占卜""命书相书""阴阳五行""杂技术",大抵呼应了《汉书》及其以前的看法。亦可见此一传统是如何源远流长了。综合这些,适可呼应怀特·海之说,显示古人是如何用数来对物理世界进行定量分析。

四、这种方法,《数术记遗》推源于上古,恐怕反而合乎事实。上古时代人对世界之描述与分析,或以言说为万物命名;或立象,以尽意示情;再者便是用数了。因数以明理,用数以诠世,乃是古人习用之法。待文字系统成为主要表意及思维工具后,此法才逐渐变成旁支,一部分转为专门算学,不再是一般人所习惯用的方法;一部分,则被视为末流,流入小传统中去存续发展,如各史籍丛录所载数术方技,其实皆为此古数术之流裔与发展也。顾炎武《日知录》尝云:"三代以上,人人皆知天文。'七月流火',农夫之辞也,'三星在天',妇人之语也。'月离于毕',戍卒之作也。'龙尾伏辰',儿童之谣也。"龙尾伏辰见《国语·晋语》;七月流火、三星在天、月离于毕则都见于《诗经》。可见天文历算,是古人的基本生活知识。周人教国子以六艺,其一为数,亦为此意。后世则渐成为专业。成为专业之后,当然在专业性的数学推算方面可迭创新猷,颇有进展。但以数作为基本思维方法,对世界进行定量分析的形态,却不免起了变化。知识分子逐渐不以数为其基本能力,数术遂既神秘化(一般人不了解),又边缘化(在正统知识体系之外)了。此等流变，黄帝若及见之，定当浩叹！

五、对于古代如此庞大的用数现象，该如何理解呢？现代人是用各种方式看轻它。首先说没有，中国没有数学，《几何原本》翻译过来以后才有。若被中国古代辉煌的数学史实打脸了，则说那些只是实用计算，并非抽象计数、逻辑推理；或干脆说是原始思维，混杂着迷信。然而列维-布留尔（Lévy-Bruhl, Lucien）《原始思维》一书认为原始人并无抽象的数的概念，因此大抵无五六七以上的概念，只懂得个体增益，由一连续相加。其后才渐有逻辑思维，懂得计数。但也并不是说数在这个时候就已抽象地被想象了，或人们已经会用数逻辑地运算了。他们的思维有几个特点：一是数与属于这个数的东西，性质互渗。例如，他举例说，北美、印第安部族往往赋予"四"神秘意义；而中国古代的四季、四方、四象相配，五色、五方、五行相配，数与物相对应互渗的复杂程度也是可惊的。此即一种原始思维。数尚不能构成一个数的序列，故亦无数学或逻辑运算。若据此说，原始思维固然包括我国数术类中的五行、形法等类。然而，天文历数等，能说是不懂得用数理运算的原始思维吗？把一些人类学家对原始部落的调查，拿来解释我国的数术系统，其实是极不恰当的。再就是运算。数与数加减乘除之，便就是运算。如八卦为一至八之数，八八即成六十四卦；而一至八之排序方式，则可达四万零三百二十种。六十四卦，若依《周易正义》说，"二二相耦，非覆即变"，覆，把一卦倒过来看就成了另一卦。变，则是某一卦中阳爻变阴爻、阴爻变阳爻，也可变成另一卦。用数学形式表达的话，就都叫作运算。古人用蓍草，或用算珠来运算，天文、历法都须靠这个方法。运算之术甚多，巧妙各有不同，许多数学演算，我们也不能确知其来历。例如《史记·日者列传》载汉武帝聚会占家决定嫁娶择日，便有五行、堪舆、建除、丛辰、历家、天人、太一七家。"五行"是以金木水火土配一二三四五而计数的。"历家"大约以十二地支、十二月、十二辰为数。"建除"是依建、除、盈、平、定、执、破、危、成、收、开、闭排列，故正月建除为寅至卯、二月建除为卯至寅，依次顺数。"丛辰"，按结、阳、交、害、阴、达、外阳、外害、外阴、击、夬光、秀排列，四名配单日、四名配阴日，以观宜忌。"堪舆"是以东西南北中方位配数，据数推算之。各种占家各有他们一套对数的规定以及运算的规则，依这些规定逻辑地演算，故得出来的结果未必相同。各家对数的规定和它们所定下的演算规则，为何是那样，术者通常不知，来源也不多晓。它们各自依演算构成一套符号系统。后人若上求而推考之，大抵就像后世各种《易经》象数学描述易卦成卦之原理般，往往也是各说各话。至今谈《易经》逻辑者，殆亦如是。不过，各术推数时，对数也有些基本认定。如"一"，是起本体作用的概念。讲时间，它是起点或开端；论空间，它是中心或枢轴；论数学，它是余数，也是奇偶数转换的加数，又称余奇或奇赜。兵学中有所谓《握奇经》者，奇就是指一，又称奇零。这样居极重要地位的一，有时也会以"太"来形容，称作太一。神之最尊者，便称太一。二是对分与两极的概念，一物对分则为二，二者相对相待。三，是两极加中央的概念，是二加一。以宇宙说是三才，天地人；以空间说，是三位，左右中或前后中。四，是两分再两分的对称观念，一年分四季，一地分四方。五，是四加一，如四方加中央；也是十进制的一半，亦即二五为十；又是两种三（如前后中或左右中）相合的概念，称为参伍，如《周易·系辞》云："参伍以变，错综其数。"六，是两个三，所谓"兼三才而两之，故六，六者非它，三才之道"，易有六爻、律有六律。七，七政（日、月、岁星、荧惑星、镇星、太白星、辰星），北斗七星。八，四再加四，如四方加四隅即为八方，八方又有八风（炎风、滔风、熏风、巨风、凄风、飂风、厉风、寒风）。九，三乘三，或八加一而成。空间上是九宫，又有九天、九地、九山。十，合两个五而成，或逢九进一。十二，九加三，或四乘三，如十二地支、十二辰、十二次、十二宫。这些对数的认定，有点像毕达哥拉斯以一为理性、二为俗见、四为正义、五为结婚之类。数本身有其性格，也有义涵，运算的人不会故意去违背这些基本认定，例如刻意把九看成是七加二，或不以九为数之极；也不会去推一个大数是七十一而非七十二。十之后也没有人会去重视十一或十三、十四，只会强调十二，这就是运算时的一些基本限定，所有术家都要在这个限定下推算。数术各派自有其传承之推算方式，这部分，非其门派中人就常莫名其妙。像河图洛书，略如后世揲蓍或筹算得出来的数，只是个结论。推的原则与过程，却不像易卦之如何成卦已经有《系辞下》用大衍之数做了说明，故其数何由而得，遂不可知。易卦原先成卦的方法，恐怕也不见得就是《系辞》所说的那种办法。因为由考古材料看，早期筮法的蓍数和分扐程序，与《系辞》所述不尽相同，传说中的《连山》《归藏》也不会是跟《周易》用同一种筮法。因此，现在说的这种成卦法，恐非原先成卦之法。原初如何成卦，依然难以确知。汉代以后，数学用筹算，事实上就是仿揲蓍，或者说筮法与算法本为同一件事。易之算既用大衍之数，推历同样也是如此。故《汉书·律历志》说："其算法用竹，径一分，长六寸，二百七十一枚而成六觚，为一握。"然此是否即为古运算之法，亦不可知。因为现在易卦的乾，代表的数字是九；坤表的数字是一。若依《说卦》，乾为四，坤为十。可是马王堆帛书《周易》却是用一表阳爻，八表阴爻。其运算之法，必不同于今本。这看起来是考古方面的事，但亦可看出：数思维发展出一大堆因数明理的方法或技术，如《数术记遗》所述隶首之法，积算、太乙、两仪、五行、八卦、九宫、运筹、龟算、珠算等，或《汉书·艺文志》所记天文、历谱，五行、蓍龟、形法等，也属于这个传统。这个传统太庞大了，后世实在难以为继。难以为继的原因有三：一是用数者多，太过发达之后，其术分化太早，渐渐不同术者便不能相知，对于彼此用数的方法及依据已难了解。二是数术渐渐专门技艺化，与职业关系太过密切，以致具普遍性意义的数思维与因数明理的态度，不再是人所共需共有之智能。相对于一般人来说，专业化当然也就神秘化了，持术者要维持专业尊严，会故神其说，也会故晦其迹，不令外人知其得数之由。平常人亦诧其得数之法奇奥难知，故以为神奇。三是后世天文历算等，仅存于畴人之中，视如方技，即是因为职业专技化之后，奉其学者仅知其技术度数，而不复究其理，不复知其所以然。所以数传之后，便如家传医坊的子弟，虽仍能随方抓药、视症下针，对医理药理却不见得通达，仅能依古式演算或得数而已，对于中间的演算过程以及运算之理，渐觉昧然。研究中西数学史的朋友，常惋惜中国数学往往只有问题与答案，却乏中间运算的过程，也不说明证明的方法。原因大概不是什么中国人缺乏数学头脑、不擅数理思维等，而是上述这些理由。当然，还有另一个更主要的原因，那就是文字的崛起与竞争。文字与数是两种符号系统，它们并时而起，各自发展。可是文字系统后来越来越成为主要的思维与表意体系，数纵使与象结合以抗衡之，仍难匹敌。这种文、象、数诸符号系统之竞争史，本是吾国思想嬗递起伏之大纲维、大脉络，我们现在也有待梳理。

文化能不能振兴城市？

文学名著（文化名人、历史典故、文化事件）与区域文化发展，这样的主题，除了一般文化意涵之外，目前更有重大经济发展的意义。

二十年来，在这个题目下操办了无数的文化与经济活动。文化部改名为文化和旅游部，更是对此有推助之效，各地无数特色小镇、主题园区、文化地产，都在此做文章、找答案。

一

不能说大家都是利欲熏心的，其中总也有些正面的原因。

1. 在主流政治文化格局中，仍有寻找次级文化认同的需要。人的次级文化身份，可从血统，例如汉、满、蒙、回、藏、苗、夷、羌、客家等种属身份上取得；也可以从地域关系上获得，如湖南人谈湖湘文化、山东人谈齐鲁文化、四川人谈巴蜀文化、江苏人谈吴楚文化等。中国虽然统一良久，但地域及种属的自然畛域并未因而消失，人仍有这些次级身份认同需要满足。中国社会的阶级意识又尚不稳定，故较少人会从阶级身份上来区分人我，较常见的乃是这类自然血缘地缘之身份切割。各地热衷谈区域文化，正源于此。

2. 这种自然身份区分，又因目前的区域竞争而加剧，各地方人都在想：怎么样利用这些族属或地缘条件，来为自己的发展加分，并更大地跟别人区别开来。前一理由是指人的自然需求，这个理由是指时代之激扬，使人的自然区分转而成为积极的促进竞争力元素。

3. 竞争的态势又是什么呢？就是社会上一般人所理解的现代化建设，即都会化、工商业化。以经济成长、现代化建设为"发展"的同义词。全国各省都在竞争发展，那么可竞争之优势条件又在哪儿呢？大抵不从自然环境上找，就得从人文历史社会因素上看，如何以本地区文化上的优势促进发展，就成了大家共同的思路。

4. 本地区的文化优势又该怎么找呢？一是找名人。名人，大家都知道、都崇敬，便会对该地产生移情作用或价值认同感，道理跟商业产品要找名人代言一样。另一方法就是找名著，名著大家不见得都看过，但至少听过，可以发挥相同的效果。

当然，如果实在没有名著可资凭借，仍可以依托名著造出这种效果。例如北京本来颇以恭王府为《红楼梦》大观园之原址，许多地方也依托而开发红楼宴。但后来恭王府为大观园旧址之说势力渐衰，北京便索性另建了一处旅游景点大观园。而恭王府的名气现在则因和珅戏越演越盛，亦不再说大观园遗事，而改说该府与和珅的关系了。

另，无锡本来与《水浒传》《三国演义》都没有关系，但因中央电视台曾在无锡太湖滨搭景拍戏，于是戏拍完后其地便辟为三国城、水浒城，现已为 AAAAA 级景区了。这都是"文学名著与区域文化发展"的实例。

二

现象如此，该如何看呢？底下我先讲一个事例。

中国人无不知有少林寺。但我们所知道的，可能是另一座少林寺，而非处于嵩山少室山的那一座。

例如我们习武的朋友，练洪拳、习咏春，看电影演方世玉、洪熙官、少林五祖，都说与少林寺有关，谓清朝派兵火烧过少林。这些，可就都不是嵩山少林寺，而是指南少林。

南少林这类传说，有两个来源，一是天地会流传的故事及抄本资料，二是小说《万年青》。

在天地会故事中，少林寺只是明代王室的象征，火焚少林，代表明代灭亡。少林五祖也者，抗清的福王朱由崧、鲁王朱以海、唐王朱聿键与朱聿鐭、桂王朱由榔也。萧一山《近代秘密社会史料》卷四载英伦敦博物馆藏《洪门总图一》说长房在福建、二房在广东、三房在云南、四房在湖广、五房在浙江，正指以上五王的根据地。

少林寺既然只是象征，自然无法实指它到底在何处，所以有时说它在山东，有时说在福建，有时说在广东。天地会洪门中闽人最多，徐震《洪门传说索隐》又考证天地会出于台湾，因此少林寺在闽的说法最占势力，但也有说在广东或山东的。

其实历史上只有北少林而无南少林。北少林在北京近郊的蓟县（今天津市蓟州区）盘山上，相对于北少林，嵩山少林应该就是南少林了。可是嵩山少林也从未以南少林自居。

南少林故事所说的福建少林，地址不一，或云在福州府九连山，或云在福州圃龙县、福田县、浦田县、盘龙县等。但除了这些传说或小说之外，并无更进一步的资料足供考论。上述地名，大抵也都属附会或讹误。根本无此地名，更不用说有什么遗迹史料可考了。故而史学界向来认为并无南少林，小说以及由之衍生出来的种种戏剧电影电视，乃至拳派均不足据。

但福建人可不死心，他们拿着这样一个好题目，舍不得丢掉，故而到处在寻找南少林的遗址。

上穷碧落下黄泉，久而久之也不可能毫无所获。泉州等地已经有了好几座新建或重修的寺院，都叫南少林；也有好多武校称为南少林。莆田、闽侯、罗源、长乐等地更都有人宣称他们证明了南少林原先就在他们家乡。福清市尤为积极。

福清就在莆田旁边，1993年该市侨办所编刊物《玉融乡音》刊了刘福铸《福清也有少林寺》一文，引起该市各界之寻找少林热。接着陆续找到一些宋明方志数据上提及古代是有一座少林寺，于是寻到有一个少林村的地方，开始进行"考古"。逐步发现刻有"少林院沙门"等字样的桥板、石础、石盂等，再来便成立少林风景区、少林寺研究会、重建少林寺、制定少林村迁村方案等，态度积极，行动迅速。同时出版《福清少林寺》以为宣传。

但是，在少林村发现从前那儿曾有一座少林院，有什么好大惊小怪的呢？且不说少林院是否就是少林寺，建在少林村的寺院名为少林，岂不也是极为寻常的事吗？披经籍、考遗址，发现此处千余年前曾有一寺，当然也不坏。可是这座少林院或少林寺就是南少林吗？它与清初的那座南少林又有什么关系？

迄今为止，所有发现了的所谓南少林遗址，都不可信，而且我认为考古气力用错了地方。

为什么呢？天下同名之寺院庵堂极多，不能因同名而牵合，一也。南少林之说，清朝以前，不见经传，二也。小说讲述故事，是否必为实事，大可斟酌，三也。寻找南少林，工程诚然浩大，但或许也会像上海、北京、南京各地都在进行的寻找大观园工作一样。除了在《红楼梦》里，哪还有一座大观园呢？

由南少林的例子，我们就可发现：借由小说、传说之挖掘考证，坐实某地即是小说故事之发祥地，因而利用大众对小说故事之熟悉与好奇来带动地方发展，是近年许多地方不约而同的发展模式。南少林的武术产业，规模虽然比不上嵩山少林（河南登封地区的经济与社会建设，几乎全是靠少林寺带动的），但福清等地，若非借由南少林故事，谁会注意到世上还有这样一个地方呢？这就可见利用小说戏剧来发展地方的效用了。

可是，对小说或传说故事的挖掘考证，大抵也都存在着如"寻找南少林"般的问题，是拿着结论去找证据。然后根据这些根本没证据力的东西，来坐实某处即小说故事之发生地或发祥地。这样的"调查"及"考证"，在学术上是站不住脚的。

地方型的文史工作者，一般较缺乏基本学术训练，又往往因热爱乡土，以致心有成见，非发牛劲要证成该名人名著皆由我处所产不可。地方政界主事者，更是站在发展地方的角度看事情，故均不爱听学界泼冷水的话，所以通常就依据这些所谓考证、调研，大张旗鼓地建设起来。

其结果就是地方上言之凿凿，煞有介事，并借传说故事、小说内容搞了一大堆建设。外界则背议腹诽，甚或当成笑话来说。

这些议论跟嘲讽，本地人可能晓得，但大部分并不清楚。因为中国人的人情社会，谁也不会不识相，当着国王的面，说那件新衣是假的。即或皮里阳秋，本地人心有萦注，常也听不出来，还以为是夸赏呢！同时，学界也明白，这些考证与建设，旨在赚钱，一般民众又不清楚情况，无非冲着故事来满足玩心，故亦不必太过认真，挡人财路。而纵使学界期期以为不可，想要挡，又挡得住吗？利之所趋，能不让地方发展吗？许多地方，穷山恶水，又乏资源，不靠炒作小说故事，凭什么发展？这样的现实，亦足以使学界钳口，任凭地方去糊弄。

三

我们若想指出向上一路，帮帮各地方城市，该怎么办？

"以文化资本振兴城市"是用以区分18世纪工业时代和20世纪后期至21世纪新时代不同城市发展形态的概念。

18世纪以来，所谓都市建设，皆着重硬件，如道路、交通、水电、通信，住宅区、商业区、工业区之区划。以物资交易、经贸活动、工业生产、技术操作为核心。文化固然也很重要，但并非大城市的核心，只起着补充、调剂或促进经济发展的作用，标志着工业革命后资本主义发展的进程。

20 世纪后期，这种老旧的城市发展观不断遭到质疑批判，认为那种城市实乃水泥丛林及大工厂，缺乏人性，也没文化，新的城市观与发展观应当倒转过来。

故 1998 年联合国教科文组织在斯德哥尔摩召开文化政策促进会，提出了《文化政策促进发展行动计划》，强调"发展，最终要以文化概念来定义。文化的繁荣，是发展的最高目标"，"文化政策是发展政策的最基本组成部分"。

以文化来定义发展、以文化为整个城市发展的核心或主轴，事实上并不是文件或呼吁。该会之所以如此云云，乃是因这早已在欧美成为了事实与趋势。经济、社会、技术、教育的战略，均需与文化轴心紧密结合；信息、知识和内容的创造，早已成为城市经济永续发展的关键。

以纽约为例。纽约艺术联盟出版的《文化资本：纽约经济与社会保健的投资》显示：2000 年纽约艺术与文化营利组织创造的经济效益为八十八亿美元，非营利组织也创造了五十七亿，共一百四十五亿，提供了十三万个工作机会。但这不重要，重要的是它们把文化产业视为纽约的核心财富，所以它的效益不是它本身赚了多少钱、提供了多少就业机会，而是对整个城市相关产业、社会生活等各方面形成综合性的影响。这也是传统产业城市和文化经济城市的重要区分。

在欧洲，"城市复兴运动"也推展有年。对于那些传统已经衰落，其社会、经济、环境亦受到破坏的城市，采取一系列方法，在其物质空间、社会、经济、环境各方面全面改善，以再生其经济活力。这些办法，主要是文化基础设施建设、大型庆典活动、文化旅游、体育赛事等文化措施，借此更新城市、创造形象、提升文化。例如西班牙毕尔巴鄂的古根海姆博物馆，2000年一馆收入即达四点五五亿美元，为当地经济之龙头。同时，像悉尼歌剧院赋予悉尼人尽皆知的形象那样，博物馆的建筑也让该地成为国际性城市。

这两类不同的例子，说明了文化可以成为城市的核心，也可以让城市振衰起敝。

另一个值得注意的现象，则是在创意经济的时代，文化创意产业在经济活动中会越来越重要，超过传统产业，并全面影响当代商品的供需关系及价格。

例如你知道英国1998年最大的单项出口商品是什么吗？答案是跟辣妹（the Spice Girls）相关的产品。也有人认为1996年英国摇滚音乐家之经济贡献超过钢铁工业。

霍金斯《创意经济》（*The Creative Economy*）一书则指出：创意产业包括了整个在知识产权法保护范围内的专利、版权、商标、设计各个部门经济。而知识产权法的每一形式都有庞大的工业与之相应，有版权的产品（如书籍、电影、电视、音乐）带来的出口收入均超过了汽车、服装等制造业。拥有主意的人越来越比那些使用机器的人、拥有机器的人能量更大。

四

换言之，现在已经是一个以文化产业振兴城市且成为经济主要动能的时代。在这个新时代，我们的策略又是什么呢？

首先，应了解什么是文化资本，重视文化资本。现在各地发展经济、招商引资，最大的盲点正是只有"资金"观念而无"资本"观念，不知资金只是资本之一环，且是最不重要的一环。除资金外，资本至少还包括人力资本、社会资本和文化资本、结构制度资本。而文化创意产业主要就是靠这些资本去创造出资金和利润来。

其次，大多数城市的规划，仍是以老的产业城市为设想的：以运输服务、出口加工、物品交易、劳务输出及机械、化工、食品、服装、物流等传统工业产业为主，甚至还有部分高耗能、高污染产业如石化、重工等。

这样的规划思路，虽目的是要打造现代国际化城市、提升传统产业，其实太过传统了。莫说在现代国际城市中不会有地位，就是在国内都市中也不会有竞争力。

再者，许多城市的所谓文化产业，也不脱对工业城市的补充、调剂或促进经济发展的工具性作用，并未以文化作为城市发展的核心，且仍有县域文化产业的味道。

所谓县域文化产业，据文选德主编《县域文化初论》云，乃是："以县域经济为基础，以县情为依据，以开发本地历史文化资源为重点，以建设现代文化为方向，以人民群众为主体，这种特定的文化现象就是县域文化。"

之所以要特别提出这个概念，是因为各地所推展的文化产业，大抵都属于这一类、这一层级，远远达不到西方文化产业研究界所称文化产业的内涵。

因为文化产业并不只是拿文化来做生意赚钱。文化产业的内容是知识，以大众传媒及电子网络、数字化信息技术为依托，而以知识产权法所关涉之工业体系为其经济活动。

所以文化产业即内容产业、知识产业，也是创意产业。

而现今除北京、上海、深圳少数几个大城市朝此迈进之外，其他城市大概都谈不上。目前各地做的文化产业，均只能是属于或近于文选德所说的这一型，无以名之，只好称为县域文化产业，用以区别于世界通知的知识经济的文化产业概念。

许多城市虽是市的建制，但其文化产业无疑是近于县域文化而远于知识经济的。县域文化之基本社会性质是农业，用农村所具有的资源，例如土特产、农村的自然山水、田园生活、宗教礼仪活动、历史古迹、人文风情，供城里人和外地人以及外国人休闲、娱乐、消费，便构成县域文化产业之大体样貌。如山西平遥，云南丽江，湖南凤凰，江苏周庄，连云港的花果山景区、海州古城文化区、孔望山历史文化区、连岛景区……都属于这一类。

可是在这同类文化产业中，桂林、丽江、平遥、周庄、凤凰等地方特色鲜明，不可再生和复制之资源十分集中。其实不能去复制或竞争，其文化资源要另行运用，文化政策要妥为规擘，才可以用文化资本振兴自己的城市。

五

振兴之道，前文已说了三条途径，一是以文化复兴城市，二是发展创意经济，三是以文化为整个城市发展的主轴、核心。这三者是可以结合的，具体以"西游文化"为例。

西游文化目前有好几个地方在做，但都是县域文化产业的做法。若跳出现有格局，以西游文化来建设城市，情况就会迥然不同。

花果山景区，可从历史性的史迹、考证、附会、依托中走出来，转型为主题公园，如迪斯尼一般，营销快乐与神奇体验。

这种西游的快乐奇幻感，又不能只在一个景区、公园、游戏场里，必须弥漫于城市中。

例如拉斯维加斯是赌城，赌是非正常社会的行为，故其城市设施即要强化这种气氛，让人有超离日常社会现实的感觉。像它的购物中心就是以古罗马集市为主题的：大理石的地板、白色的罗马石柱、仿露天咖啡座、绿树、喷泉，天花板是片大银幕，蓝天白云栩栩如生，偶或暴雨闪电。集市大门口或各入口，每小时还有西泽大帝和罗马士兵通行，令人仿佛重回古罗马市集。购物中心的商店也配合此一主题，如珠宝店就用卷曲的花纹、罗马数字装潢，挂上金色窗帘。澳门推出的威尼斯人酒店，也采此一办法，构建一个幻觉空间，让人沉迷于其中。

号称神奇浪漫的城市就需要在此多所取鉴，使《西游记》的"符号型消费"，在这个城市做到极大化，并使《西游记》的浪漫、快乐、奋斗精神，扩散成为整个城市的文化气氛，像想到巴黎就令人感觉到那是个浪漫的文化城市那样，想到这城市就能感觉到斗战胜佛般的乐观进取精神。

就这样，还不够。

巴黎之所以为巴黎，不只是一种文化符号，更有其文化产出，如艺术、服装设计、香水等。现在我们的西游文化有何产出功能？

迄今全国没有《西游记》版本、研究论著、数据库、所有西游人物相关图档、世界传播数据、影音改编记录等的数据中心与文献中心。没有权威学报在哪个城市出版或编辑，没有世界性《西游记》学术会议，也没有西游文化年展或双年展，没有西游电影、电视、动漫、电子游戏的制作研发基地，没有西游文化的研究机构，没有关于西游文化的版权、专利、设计产业，更没有支持这类文化创意经济的技术教育、人才培训、信息支持、技术交流、法律税务咨询、市场营运、产品开发的配套体制……这样的所谓文化产业，乃是欠缺知识内核的，怎么可能发展得起来？

总之，以文化资本来开发区域经济，绝非不可行，但要深切认识到文化产业的性质和趋势，旧的思维与做法若不改弦更张，是没有出路的。过去操作孙悟空品牌不行，现在大谈王阳明、潘金莲或什么，也只是瞎折腾。

成为中国

最近爱国主义大行，中国，成了热门词汇。可是"中国"什么时候成了我们的国名，其含义又如何，国人多还有不甚明白之处。

一、我是谁？

我们生下来，父母就会替我们起个名。长大了，有点自己想法了，可能就另起个字或号。例如欧阳修自号六一居士，陶渊明又叫五柳先生。

邦国也一样，早期多以种族或地属来命名，如鲜卑、契丹、党项之类；后来则以魏、燕、辽、夏为国号。

燕、辽其实仍与他们所占地区有关，魏、夏则有其文化主张。但不管如何，这些都是以"自我命名"的方式在建立自己的文化身份，形成国家认同。

"我是谁？"大家都在找属于自己的名字呢！

哲学上的大道理不用多说，每个人都知道名字对自己的意义，也知道改名意味着什么。明白这一点，也就知道中国为什么要叫作中国了。

二、何时开始自称中国？

上古之黄帝、炎帝，只是部落共主；虞、夏、殷虽是王朝，却也还是鲜卑、契丹这类的族属之名；周以后，才有了"中国"这一说法。

中国历史，殷周之际是一大变革期。变革起于武王革命，成于周公制礼，于焉奠定了此后数千年的格局。

武王革命，主要是政治意义的，周公制礼作乐，才使得这个变革具有丰富的文化意涵。而这次文化变革，既因又革，既创又述，在历史观上奠定了一种特殊的模式，周公本人也因此而成为"集大成的创制者"，成了重要人物典范。唐以前，皆以周公为先圣、孔子为先师。

周公还有一个值得重视之处：他是"中国"概念的确定者。现在，大家一提到"中国"就谈何尊。

周成王五年（公元前 1038 年）四月，周王在成周营建都城，对武王进行丰福之祭之后，周成王于丙戌日在京宫大室中对宗族小子何进行训示。当时成王赏了何贝三十朋，何因此作尊，以资纪念。

这个尊上明确提到"宅兹中国"，当然很有价值；但这种现代考古收获，其实没有多告诉我们什么，古代读过书的人早都知道：在《尚书·梓材》记载周公进谏武王时，即提及"中国"，说："皇天既付中国民越厥疆土于先王，肆王惟德，用和怿先后迷民，用怿先王受命。"

甚至《诗经·大雅·荡》中也曾用文王的口吻说过："咨！咨！女殷商，女炰烋于中国，敛怨以为德。……如蜩如螗，如沸如羹，小大近丧，人尚乎由行。内奰于中国，覃及鬼方。"

可见"中国"这个词语和观念，早在成王以前即已确立。

三、新名如何取代旧称?

在他们之前，与此相关的另一概念"四方"，更是早已出现于《禹贡》"九州攸同，四隩既宅……四海会同"，"讫于四海"。

四海，是说禹所规划的整个区域，到达四边海隩。隩，就是水涯内曲处。这个讲法，与《益稷》说"光天之下，至于海隅苍生，万邦黎献"恰相符应，代表古人早期的天下观。整个天宇苍穹盖覆之下的大地，四边为海水所包围，王者治理之地，即为此天下。四海之内，所有土地均含在内。《诗经·小雅·北山》说"溥天之下，莫非王土"，即指此。

这是很早就有的观念。天下广有四海，包涉万邦，因此，它本身不是民族家国的讲法，而是由天、由上帝的角度说，大气磅礴，总摄四方。如《诗经》说："皇矣上帝，临下有赫，监视四方，求民之莫。"所有四方万邦，都在上帝的眷顾与监察之下，故《尚书·召诰》云："呜呼！天亦哀于四方民。"

在天的注视下，所有邦国都是一样的，四方之民都是天所哀矜的。虽是小邦，也可能格外获得天眷，如周那样："天休于宁王，兴我小邦周。"（《尚书·大诰》）大邦也可能获得天谴，如殷那般："皇天改大邦殷之命。"

"天下""万邦"这些观念下的国，也就是邦国。或邦等于国，如《尚书·酒诰》说"乃穆考文王，肇国在西土"，这个国就是周邦。或邦中又分若干国，如《诗经·商颂·殷武》说"命于下国，封建厥福"，这个国就是殷邦内部的诸国。

文王、周公所说的"中国"，却是相对于这些观念而说的，与它们不同。在万邦诸国之中，"中国"跟一般邦国不同，是特殊的国。

中国与四方相对，所以《诗经·大雅·民劳》说："民亦劳止，汔可小康，惠此中国，以绥四方。"从前讲四方，是天底下直抵海隅的四方各地；现在，则是中央有一国，其余才是其四方各国。

"中国"作为一个相对于"四方"的概念，不只是空间上一在中央，一分列四方，更在于它具价值判断。中国所代表的文化价值意义，甚至超越了空间上的意义。

这在文王、周公的用法中就已明确可见。

因为文王崛起西岐，若以空间疆域说，他只是西伯，其国只能是西土西方，岂宜说中国如何如何？周公说"皇天既付中国民越厥疆土于先王，肆王惟德用"云云，则表明"中国"之具体内涵在于天命与德治的应和关系上。因此"中国"乃是有德之地的意思。

相对来说，四方就是德义较逊之邦了。后来乃以此而形成了华夷之辨，"中国与四方""华夏与四夷"等区分，皆本于此。

如《左传·僖公二十五年》载周王赐晋侯以阳樊之地，阳樊不服，围之。苍葛呼曰："德以柔中国，刑以威四夷，宜吾不敢服也。"《大学》载："唯仁人放流之，迸诸四夷，不与同中国。"《孟子·滕文公上》说："当尧之时，天下犹未平，洪水横流，泛滥于天下，草木畅茂，禽兽繁殖，五谷不登，禽兽逼人，兽蹄鸟迹之道，交于中国。……然后中国可得而食也。……吾闻用夏变夷者，未闻变于夷者也。陈良，楚产也，悦周公、仲尼之道，北学于中国。"凡中国与四夷相对时，都用中国来代表文明昌盛之地、礼义之邦。

而这个概念及夷夏之分，孟子也很清楚地将之推本于周公。

"中国"这个概念，在中国思想史上的重要性，是不待多说的。中国人以此指明并辨识自我，中国以此为国号，中国自认为是礼义之邦，中国人在文化意义上强调华夷之辨、对四裔邦国有文化自豪感，而且向来倾向于以文化而非以政治体和统治辖区来界定中国等，都与周公确定中国这个概念有关。

四方，这时已成了四夷，其地位与中国不可相提并论，所以殷商时代仍祭奉的方神也不再有作用了。殷时崇祀，是要向方神献祭祈求的，例如"壬辰卜，其宁疾于四方，三羌，侑九犬"，指以三羌人、九条犬献祭四方神，以宁息疾病。"甲子卜，其求雨于东方"，向东方神祈雨。"南方受年"，南方神授予丰年。这是关联着四方而有的神。可是到周初，四方就不再有神义，只指方位。要到战国时期，才再结合中央，形成东西南北中五方帝的新讲法，或说东西南北中之上还有一个上帝，五帝则为其佐。

《周礼·春官·小宗伯》说"兆五帝于四郊"就明显是战国以后的说法，非周公时的观念。至于郑玄注"苍曰灵威仰，大昊食焉。赤曰赤熛怒，炎帝食焉。黄曰含枢纽，黄帝食焉。白曰白招拒，少昊食焉。黑曰汁光纪，颛顼食焉"，把五方帝神跟上古五帝结合起来，更是受汉代纬书的影响而然，也不是周公时能有的观念。

四、中国是什么意思？

把自己民族及其所在地视为宇宙中心，是世上许多民族或国家常有的观念。许多人也以为我们自称中国即是自我中心主义心理作祟。这些人没弄清楚，文王、周公所提的中国观，与把自己民族视为宇宙中心完全不同：

其一，这个观念并不起于民族中心主义。

其二，这个观念反而是后起的，我国早期并没有其他民族常有的民族中心意识。"天下意识"本来就是超越我族中心的，故后来天下与中国两个观念仍可相结合。

其三，自居中国，充满文化自豪感，认为自己的文化高于周边邦国，这种态度看来不脱我族中心心态。但中国观并不只是这种感情态度，更包含着实质的文化内涵。亦即中国之所以能为中国，须有德、须是礼义之邦。

其四，这些实质文化内涵，亦非就本民族、本邦国已具备者说，不是以自己为标准的论断，而是说须达至某些实质文化内涵方足以称为中国。非"我即中国"，乃"我成为中国"。

中国观，亦因此而是一文化实践活动。犹如某些人从动物学上说固然是人，可是若不具备某些德性，他就会被批评为"不像人""不是人""禽兽"。

怎样才像人、是人？

五、怎样才是中国？

这个文化实践活动，具体表现于文王的修德和周公的制礼作乐。

文王之德，成于克殷之前，使周朝的建立具有天命的正当性。周朝建立之后，周公的制礼作乐则让周真正成为中国。

克殷后，武王去世。成王初立之时，周贵族中管叔、蔡叔发动了武装叛乱，周公统兵平叛后，便规划了以礼治国的大政方针。《尚书大传》说："周公摄政，一年救乱，二年伐殷，三年践奄，四年建侯卫，五年营成周，六年制礼作乐。"《逸周书·明堂解》又载：周公于成王六年建明堂。此类记载周公制礼作乐之史料甚多。

礼，不只是一些仪制，而是跟整个政治社会体制结合起来的。《周礼》记载诸官教民养民，均与此有关。

例如，《地官·大司徒》职司十二教：以祀礼教敬，以阳礼教让，以阴礼教亲，以乐礼教和，以仪辨等，以俗教安，以刑教中，以誓教恤，以度教节，以世事教能，以贤制爵，以庸制禄。可见官掌礼，且以礼教、以礼制，一切都成就为礼。

司徒这种官，实质上便成为礼官。它除了以十二吉礼教之外，且以"六德""六行""六艺"之"乡三物"（乡三物，即是乡三事：一曰六德，知、仁、圣、义、忠、和；二曰六行，孝、友、睦、姻、任、恤；三曰六艺，礼、乐、射、御、书、数）教万民而宾兴之，以"乡八刑"纠万民，以"五祀"防民之伪，以"六乐"防民之情，显然是以礼进行民众教育。教敬、教让、教亲、教和、教辨、教安、教中、教恤、教节、教慎德、教兴功。

司徒底下，乡、州、党、族、闾、比也一样要推行礼乐教养于邦国都鄙，使以登万民："一曰稼穑，二曰树艺，三曰作材，四曰阜蕃，五曰饬材，六曰通材，七曰化材，八曰敛材，九曰生材，十曰学艺，十有一曰世事，十有二曰服事。"凡此，皆养之事。然后以乡三物教万民而宾兴之。

地官以外，天官之官也是如此。例如冢宰，"以九两系邦国之民"，"师以贤得民"，"儒以道得民"。师，是有德行以教民者；儒，是有六艺以教民者。

师以贤，儒以道。贤，指他本身应具备贤德。道，指儒应负责教导人民由"礼、乐、射、御、书、数"六艺的学习中获得对道的体认。

艺，不限于六艺，就是广义的艺，如稼穑、树艺、作山泽之材、牧养鸟兽、百工饬化八材、商贾阜通货贿、嫔妇化治丝枲、臣妾聚敛疏材、闲民转移执事、学道艺以世事教能、为公家服事等都是。

六德、六行、六艺、十二职事等，都是在陶养人民的实践理性，要让人从生命总体的提升来体现其礼乐教养。

也就是说，周公的制礼作乐，并不只如王国维《殷周制度论》之类论析那般只是典章制度方面的事，更是推动着一种社会文化运动，让国家成为一个文化实体，而非只是一政治军事组织。"中国"的含义，只有在此文化实践中才足以表现出来。

周朝享祚八百年，是我国历史上最长的朝代。因此史学上一个热门的论题就是探究周何以能享国如此之久。

许多人把答案诉诸制度，认为周因封建井田而长久，恰与秦因中央集权而遽亡，成为强烈的对比。所以论封建与郡县孰优孰劣、封建可不可恢复，是历代争议不休的题目。可是，封建再好，后世各朝不也都仍有封建藩国吗？为什么不能像周一样，起着"封建亲戚，以屏藩周"的作用，反而常成为内部分裂的乱源？可见周之所以为周，不只是它的封建、井田等制度，更是它的文德礼乐。

反之，集权，自以为可以控制得住；或耀武炫兵，自以为我战则克，也都是不久长的。

只有周公这套周礼周文，凝合了克殷以后的四裔万邦，也让几百年后王室业已衰微时，孔子、孟子仍对之钦迟向往不已，这就是文化的力量。

中国人自诩礼乐文明之邦，自觉文化高超，相信文化力优于政治力，也都是在这段时间确定的。具体的礼乐，后来几千年，当然随时代而有变异，但这个方向，大体仍依循着，所以中国还能叫作中国。

环境难民的自我救赎

一、STS 领域中的环境议题

我曾做过一点科学技术与社会（STS）研究。这是一个新兴的、综合性的交叉学科领域。STS 是其英文名称 Science，Technology and Society 的缩写词，研究科学技术和社会之间的关系，如 S 与 T（科学与技术）、S 与 S（科学与社会）、T 与 S（技术与社会）、S + T 与 S（科学技术与社会）等。而其中最重要的，是人与自然，即人如何利用科学技术既开发自然又保护自然。

但是，这最重要的一点，我发现它却是最容易被忽略的。

而且，环境议题，即使谈论到，也缺乏实际行动，很少显现在政府的政策行为中。

这是由于整个社会发展，都市建设均以现代化、科技化为指标，故对环境议题漠然视之；另外是对科技过于乐观，盲目崇拜之，甚少反思其中所蕴含的社会问题，遂使人民沦为"环境难民"而不自知。

要正视这种困境，就必须在思想上进行现代性批判。反省现代人遭科技裹胁的情况，对现代性中个人自由主义精神、科学理性观念、机械自然观、以机器为结构模型之本体论与认识论等都应重加检讨。

对现代化社会及其思想状况做这样的反省，在西方已有不少成例，希望能寻找一种新的普世伦理。

这种伦理思索的总体方向，是反抗现代性以寻求人与自然连续而融合的新关系；这种探索新方向的努力，则是哲学的生态转向（Ecological Turn）。

西方思想家在进行这种转向时，当然会回溯其传统，寻找异于17世纪以后自然观的思想资源来建构其论述。

可是我发现：东方的自然观伦理观或许更能提供这方面的资源。而这也是东亚社会进行STS研究时最应着力之处。

除了观念上的更新之外，东亚社会在生态伦理的实践上，也应寻找新的着力点。这方面，我建议参考联合国环境规划署的地中海清洁计划——进行国家与国家相互依存的生态重建。

以下分别说明之。

二、科技崇拜中的环境难民

生态环境问题，作为一般讨论时固然大家都会谈到，可是一旦涉及政策实践时，往往就被忘了。

原因之一，是对信息技术太过乐观。殊不知信息科技固然是新时代的利器，但仅恃信息科技岂即能达成生态环境之完善？

坊间谈信息科技、信息社会、信息经济、信息战略的著作，大多都是有这种单一角度的高科技乐观主义。奈斯比特称这种现象为"科技上瘾症"。

患了这种病的人，以为城市信息化了，城市人民的生活就变好了，一切问题就都会解决了。一如有的人相信科技能治疗社会病态，对科技处方抱持极大信心：以为每间教室都有可以上网的计算机，学生功课就会进步；以为改造人体基因，可以消除疾病；以为作物经基因改造，可以喂饱全世界。

纵使有不少人，例如教育心理学家希利（Jane Healy）就曾警告：经常使用计算机，可能对孩童的大脑生理机能产生有害的改变，造成普遍的注意力不集中以及沮丧症候；其效果与软件开发者所声称者大相径庭。因为计算机游戏会阻碍任何类型的反省、对未来的思考以及内心的自我对话。

但这类意见，一般并不被人重视，一般人相信的仍是科技的承诺。科技的承诺听来甚是悦耳，大家愿意相信只要买下什么科技，就自然解决了问题。

因此，奈斯比特认为：科技以愉悦和承诺引诱我们，让我们上瘾，而不去注意科技可能导致的副作用。因此不明白何以前途看来不可逆料。鲜有人清楚了解科技在我们的生活中、社会中占有怎样的地位；更糟的是，鲜有人知道科技到底是个什么东西。我们给科技特殊的地位，仿佛它是自然法则，有不可剥夺的权利。我们的日常生活，人格、经验的形成，甚至自然世界都要由日益精密的软件来"管理"。科技与我们的经济齐步前进，我们则只能插上网线，浏览，剪贴，把零碎信息拼凑起来。我们觉得有点不对劲，但没法下达指令作任何修改。

对新兴高科技持简单化的乐观态度，即属于奈斯比特所说因科技上瘾而形成科技崇拜的迷信现象之一。

迷信新兴高科技而对生态问题不甚理会，在政策上如何显现呢？让我举个例子，说说台湾地区吧。

台湾"国科会"曾公布"永续台湾的愿景与策略"文件。其中指出，到2011年，未妥善处理的垃圾将超过四亿吨，相当于整个台湾每平方公里必须容纳一万一千吨垃圾，使台湾变成"垃圾岛"。未妥善处理的有害废弃物虽然"只有"一千五百万吨，可是造成的环境冲击，却是一般废弃物的数十倍以上。

河川污染也是严重问题。文件指出，近年来台湾严重污染河段比率，一直在百分之十二左右，没有明显改善。北港溪、二仁溪、急水溪等，严重污染比率甚至超过百分之九十。主要污染来源是生活污水，反映污水下水道比率严重偏低。到 2000 年 5 月，普及率仅百分之七，比较落后。

文件中也提到地层下陷的问题。主因是过去对地下水的开发利用采取放任政策，现在台湾地层下陷面积已达八百六十五平方公里，这样的规模对台湾而言，是非常严重的土地资源流失。

为了解决这些问题，达到永续发展目标，文件中提出十项行动方案。最重要的主张是调高水资源及能源价格，管制开发行为及污染排放总量，并适当调高水电价格，以凸显其珍贵性。文件认为政府应对土地、能源与自然资源的开发及各类污染排放，进行总量管制；在开发海岸、山坡地、水资源、道路及设置工业区、新市区、畜牧事业前，应执行"政策影响评估"。否则台湾就会逐渐走向"不永续的境地"。

可是作为"环境难民"的台湾人民，对于这种境况，其实并不甚在意，也很少以此要求政府改善。政府虽做了这本文件评估，但在经济发展等政策行为方面，却也并未将改善环境纳入思考，所以环境问题至今根本没有改善。

三、现代性情境反思

为什么明明知道环境生态已经非常恶劣了，大家却毫不在意，或故意漠视，反而一再宣传新科技、高科技能带给我们美丽的未来？

事实上，现在的环境灾难，就是当年我们所相信的新科技、所欢迎的新生活造成的。

那些新科技在做宣传、做科技承诺时，其实都没有告诉我们它可能产生的环境灾难是什么（老实说，因为是新科技，因此通常也不晓得它可能造成什么后果），要到我们对某些科技已经依赖极深并与之融为一体时，才发现我们业已沦为环境难民。

可是发现以后，我们其实因为已做了"过河卒子"而无法回头，只得拼命向前。

例如用电，何等便利！但要电就得造水库发电，或烧煤造电。这都是会污染或破坏环境的。虽然如此，电还是不够，那就只好用核能发电。核能发电在世界各地虽引起极大争论，但除非我们不要电，谁也不能绝对不用核能发电。

这种遭科技裹胁的情况，其实也就是"现代性情境"之一例。

所谓现代性情境，是说整个现代化进程实即是以资源消耗、破坏生态为代价的，越是现代化的国家资源消耗越严重。

以当今美国为例，占不到世界二十分之一的人口，却消费着占全球五分之一以上的石油资源。而在整个西方世界进行现代化的早期，这种人口与资源消费的巨大比差更为惊人。

也就是说，西方现代化的过程是以牺牲整体人类生态环境为巨大代价，才得以获取其文明进步这一结果的。后来学习西方、争相步入现代化进程的亚洲国家，也学习了西方的办法，牺牲生态环境以谋所谓"进步"。

这也就是后来西方开始反省现代性、开始呼吁环境保护、要求亚洲国家勿捕猎野生动物并推行环保运动时，普遍惹人反感的原因。

许多人都质疑：为什么西方社会享受着现代化的文明成果，而我们却要为此承担生态环境恶化的代价？现代化的进步可以是西方的，但生态环境和自然资源却不归属于任何一个单一的国家或地区。

又为什么西方已经现代化之后才来要求我们节制现代化速度？

再者，目前西方世界仍是地球上最大的资源消耗区，故环保、生态最急迫的地区与问题其实是在西方而非其他地域。

更根本的质疑，则是对现代性的批判。

所谓"现代性"其实包含了几项基本元素：市场经济、政治民主、科学理性和作为西方现代社会之基本文化价值理念的"自由"与"个人主义"精神。现代性的这四个基本元素都是值得人类社会珍视的，但它们同样也都无法免于生态伦理的批判。

其中"自由"与"个人主义"，更具有这种两面性。

一方面，它是现代西方社会的革命旗帜和现代启蒙口号，具有个性解放的精神力量。因此，它确实成为了市场经济和政治民主的价值基础。

但另一方面，自由个人主义与人类中心主义有着一种深刻的内在亲缘关系：它们在倡言"人格尊严"之际，共享着某种同质的价值观念；把人类视为特殊而高贵的生命，将一切非人类的生物和生命看作是实现人和人类目的的纯粹手段或工具。任何人或人类群体，都可能以人类正当利益的名义为他或她或他们破坏生态环境的行为辩护。

换言之，西方"现代性"道德价值核心的自由个人主义，与其整个社会的现代性理想一样，都没有充分考虑人与自然的关系，更没有给予让人类寄居其中的自然环境以充分的尊重。

故社会学家吉登斯批评，自由主义的思想构架没有也无法容纳有关生态伦理或环境问题的主题。

各国在推动现代化时，也都忽略了生态伦理的一个重要方面：人类并不只是自然资源的消费者，也是自然资源的生产者和保护者。作为一种理性的生命存在，人类不仅是欲望的存在，而且也可以成为合理实现其欲望的道德的存在。

此外，支配现代化社会运动的根本文化，乃是一种基于现代科学理性的进步理念——以致现代人过分迷信现代科学理性，误以为人类的道德生活必定会随着现代社会科学技术的进步和整个社会物质生活的进步而改善。知识或技术理性、工具价值的评价尺度被无限放大，使得康德所谓"实践理性"完全隐匿不见，只成了单一的技术理性或工具理性，其中原有的目的理性或目的性价值意义，被现代唯科学主义和技术主义洗蚀无踪，渐渐消失在现代人的价值视野之外。

在这种狭隘的工具理性或技术合理性意义上，人们或可认为现代社会确是"进步"了。然而，这种进步仅仅是"单面的"（如马尔库塞的用语）、畸形的，它所消耗的代价却极沉重。如果人们愿思考一下当代人类所面临的生态环境伦理问题、生活意义的困惑问题以及浸透于现代人心灵和现代世界文明进程中的实利主义，就不难意识到这一点。

再者，现代性的种种问题，或许还与西方存在论、认识论的发展有关。西方自 17 世纪中期以后，出现了新的机械哲学，根据一个新隐喻（机器）来追求宇宙、社会和自我的重新统一。这种思想由法国思想家伽森狄和笛卡儿提倡，因缘际会，渐渐取代了西方传统的万物有灵论、有机论，而蔚为主流，影响及今。

在机械的世界中，秩序被重新定义为：在规律的理性决定系统中，不但强调人应可对自然、社会和自我进行理性控制，更要借助新的机器隐喻以重新定义存在。

作为科学和社会的统一模式，机器彻底渗入人的意识，以至于我们今天很少人会质疑它的合法性。自然、社会和人的身体均由可相互替代、可从外部修理和代换的（原子化）

部分组成。所以我们可以"技术的手段"修补生态失调，也以干预主义的医学方式，用新制成的心脏代替有病的心脏。

这种机械自然观，是目前西方大多数学校的教学内容。人们不加思考地接受为常识的实在观，认为物质由原子组成，颜色由不同长度的光波反射而成，物体按惯性定律运行，太阳是太阳系的中心。整个自然，均是由无主动精神的粒子组成，并由外力而非内在力量推动。因而，机械论本身也令操纵自然的行为合法化了。

其中便蕴含着权力的概念，麦茜特（Carolyn Merchant）《自然之死：妇女、生态和科学革命》一书第九章曾批评道："机械主义作为一种世界观，其最光辉的成就，是它围绕人类经验中两个最基本的成分——秩序和力量——重新安排了实在。秩序可以通过对服从数学定律的不可再分部分的运动之强调，通过否弃变化的不可预测的非物质原因来达到。力量则通过现实世界中直接起作用的干预达到。培根的方法支持通过手工操作、技术和实验实施对自然的威权。故机械主义作为世界观，也是一种概念化的权力结构。"

这种权力概念，直接导致人对世界产生支配意识。久而久之，人自拟为上帝，可对宇宙重新捏塑。而整个本体论和认知结构，遂也因此发生变化。是以麦茜特才接着说"作为本体论与认识论之结构模型的机器"，使得：

正在兴起的机械论的世界观，奠基于物理定律的确定性和机器的符号力量相一致的关于自然的假设之上。尽管有许多替代的哲学可资使用（亚里士多德哲学、斯多葛主义、神秘直觉主义、隐修主义、巫术、自然主义和万物有灵论），但欧洲占统治地位的意识形态还是逐渐被机器性质和经验力量所占据。

此一新的本体论及认识论，包含了一些关于存在知识和方法的预设，使人可以操控自然。例如：1. 物质由粒子组成（本体论预设）。2. 宇宙是一种自然的秩序（同一原理）。3. 知识和信息可以从自然界中抽象出来（境域无关预设）。4. 问题可被分析成能用数学来处理的部分（方法论预设）。5. 感觉材料是分立的（认识论预设）。

在这五个关于存在的预设的基础上，自 17 世纪以来的科学被普遍地看作是客观的、价值中立的、关于外部世界的知识。此外，正如海德格尔所指出，自笛卡儿以来的西方哲学，最基本的关切在于力量，"现代技术的本质在于座架（enframing）"。也就是说，在于表明自然使它成为被支配物。"物理学作为纯粹理论，架构自然并使其显示自身"，且"诱使"自然"成为可计划的力的有序结构"。

四、相互依存的人与自然

对现代性做这样的批判，把当代漠视生态自然的原因，追究到个人自由理性以及存在论、认识论等之上去，看起来扯得远了，其实不然。不做此类探本之论，"科学技术与社会（STS）"的讨论，就仅能涉及一些技术性枝节问题或仅流于和稀泥。

而且，透过这样的讨论，我想说的，正是整个生态伦理或旧的现代化普世伦理之后的新普世伦理所应该走的方向。

正如霍尔姆斯·罗尔斯顿（Holmes Rolston Ⅲ）在《哲学走向荒野》一书中所说：现代社会的一个要求，就是人类要发现自己的独特性——线性的历史［线性的历史（Linear History），与循环式历史（Cyclic History）相对，指社会有向前、向上发展的趋势，而非在某几种历史阶段间不断地循环往复］。人类就是靠着这些独特性而越来越成为自然的主宰，使自然为自己服务，并根据自己的意愿改造环境。

与此相反，现在生态学的基调，却是要我们再次认识到人与自然的关联性，认识到我们与生物共同体的固有联系，从而肯定我们的有机性本质这样一种智慧。

他认为当代哲学家在探索新社会的新伦理时，必须反抗现代性，重新寻求人与自然的关系，即人与自然的相关性。重新发现这种关系，他称为"哲学的生态转向"，并认为现今已有不少人致力于此。

例如，伊恩·L.麦克哈格主张：自然包含了一个内在的价值体系。在一篇用了"稳态：物理规律与道德抉择"这样引人注目的标题的文章中，保罗·B.西厄斯写道："但在今天，道德涉及一种负责任的与自然界规律的关系，因为我们也无可逃避地是自然界的一部分。"罗杰·里维莱和汉斯·H.兰芝伯格在为一部有名的著作写的序中说道："对于我们对环境的关注，科学有另一种更深层的意义……那就是它能建立概念与自然规律的结构体系，使人类认识到自己在自然中的位置。这样的认识，必定是道德价值的一个根基，将会指导着每一代人履行我们作为地球这艘宇宙船的乘务员的职责。对于这个目的来说，生态学……是核心的。"

这些尝试找出新方向的学者，凭借的思想资源是什么呢？罗尔斯顿表示：生态学家想到的是另一种哲学遗产。

西方思想在对自然的看法上是矛盾的。不同于现代人想法的一些先哲用了不同的逻辑去面对自然，发现自然有着比人类更伟大的智慧。例如由浪漫主义运动所体现出来的哲学遗产。浪漫主义运动的思想家那种对大自然的爱，曾经感染了自然保护运动的先驱者中的很多人。例如爱默生在一部同样也很具经典性的著作中，就坚信自然产生商品、美、智慧与纪律。如果把诗与神秘主义跟科学结合在一起，我们更能看到自然育化了人们的性格，并可作为价值的试金石。

也就是说，西方当代思潮在处理人与自然这一问题时，为了批判反省17世纪科学革命以来的观念，往往回溯其古老传统，从其思想遗产中找到与现代西方不同的自然观来作为思想资粮，建构新的普世伦理。

可惜这些西方当代生态哲学家不谙东方哲学，否则他们应更能从东方的自然观和伦理态度中找到思想的资源。

例如人与自然非断裂的连续关系、循环式历史观等，都是中国哲学中最明显的东西。1993 年，六千五百位人士曾在美国芝加哥召开"第二届世界宗教会议"，并发表了《走向全球伦理宣言》。中国或东方这种天人和谐的自然观，事实上正好与西方所急切想要重新正视的思想渊源合拍，足以作为新的全球伦理基础。

今后吾人在思考这类问题时，也应该考虑要充分关注并运用我们东方的思想资源。因为这正好为急于找寻新出路的当代西方思潮提供新的资粮；在重建生态伦理的工作上，也足以互补。由发展东亚 STS 领域的策略思考来说，此亦是我东亚社会之优势所在，不应忽视。

五、相互依存的国家与社会

但仅有这些是不够的，伦理学家不能把战场拉到存在论和认识论的层次便以了事了。

伦理是实践问题。STS 的研究，也不能只把科学机械主义及现代性批判一通便罢。要建构新的伦理情境，需要一些具体作为。

什么作为呢？也让我举个例子。

现今住在地中海沿岸有一亿人，每年来此度假的人更多

（占世界旅游人数的三分之一）。他们把地中海弄成了一个污水池。因为地中海是一个四面陆地环绕的海，所以它的海水大约每八年才能更换一次，且海浪很小，水流很弱，人们倒入其中的污染物只能留在原处。又，它是世界上主要的航运水道之一，石油贸易总量的三分之一通过地中海运输，因此每年溢出的石油，加上冲洗油轮流入海中的污水极多。还有百分之八十五的污染物来自陆地上的工业废物、城市污水以及农业作物的残留物。大大小小的七十条河流每天向地中海注入几千吨工业废水。至少一百二十个沿海城市和城镇，把百分之九十未经处理或仅稍加处理的废水排入海域。这都使得占世界海洋面积百分之一的地中海，聚集了污染地球海洋的浮油、焦油和一半的普通垃圾。

除了污染以外，地中海还深受计划不周的旅游业之害。旅馆、小艇、船坞以及其他设施破坏着一处又一处的自然区域，也破坏着流域周围的野生动物生活区。

1975 年，联合国环境规划署开始进行一项计划。它说服沿岸的十七个国家制定一项共同策略来解决这个问题。它们中有：一直处于敌对状态的以色列和叙利亚、长期为敌的埃及和利比亚、互相敌视了几百年的土耳其和希腊、仍然互不信任的法国和它的原殖民地阿尔及利亚、自古以来就互相对抗而现已疲惫不堪的西班牙和摩洛哥等。

所有的污染源国家，尤其是三个最严重的污染排放国法国、意大利和西班牙的共同努力，使这些污染物逐步消除了。再依靠几乎所有国家的几十个实验室协同合作，一个大规模的监测系统开始发挥作用，减少了各地排放入海的污水量及有毒物质。

条约还规定应在海上及陆地为野生动物建立范围广阔的公园和保护区，形成一个网。目前保护区已增加到一百多个。

地中海清洁计划并不是一件简单的事。在前十五年中，仅为了控制污染，估计就要花费一百五十亿美元。但这么做非常值得。因为恢复生机的地中海，每年光是旅游业就能创利一百亿美元。而更重要的是这个计划创造了一个跨越国家与种族界限的合作关系，让人重新体认到"相互依存"（Interdependence）的价值，也在计划中实现了这个价值。

相互依存，其实是今天我们在地球上生存的实况。经济上我们互相依存，环境更是如此。因此，迈尔斯《最终的安全：政治稳定的环境基础》一书说：没有任何国家能够躲避其他国家发生之形形色色的环境退化。即使美国这个世界上经济最发达、技术最先进、军事最强大的国家，也不能避免受世界其他地区许多环境问题的影响以及这些问题所产生的对安全的威胁。

所有的国家都是坐在同一条船上，这条船正在成为环境问题的"泰坦尼克号"。"相互依存"这个新游轮的名称也许说起来不顺口，看起来也不顺眼，但它却是我们大家都必须学会随口说出的一个名称，就像我们在日常生活中所使用的那样。相互依存已成为我们生活中不争的事实。

相互依存也意味着我们越来越需要采取共同的行动来对付共同的问题。正如温室效应，它的产生，任何国家都有份；同样，它的影响，任何国家也都不可避免。像臭氧层损耗和物种大批灭绝这类问题，虽然涉及的国家比较有限，但也应该作类似的考虑。因此，国家之间进行合作的机会比以前更多了。

据此而言，在重新正视人与自然的相互依存关系的同时，人与人的相互依存关系、国家与国家的相互依存关系，也必须成为未来我们在行动上进行伦理实践的原则。

在重新恢复与自然的依存关系时，我们应重新正视东方文化传统的思想资源，以展开现代性批判。在建构国家与国家相互依存体认时，我们也有必要寻找一个可以共同合作、进行生态伦理实践的议题（例如东亚城市生态复苏计划之类），以便展开具体的合作，不让"地中海清洁计划"专美于前。

奇葩速记法太无聊，但记忆有术可循①

导　言

最近有关"量子波动速读"的视频引起网友一片哗然，稚嫩的学生魔性十足地把书本翻得哗哗响，快速翻转的纸页风扑屏而来。这种方法据称可训练学生一到五分钟内看完一本十万字左右书籍，并把内容完整复述出来。很快，这一奇葩的速读速记法及其商业营销被网友揭批奚落得体无完肤。而多年来各种被吹得神乎其神的"超级记忆法"，也成为大家热议的话题。有文章不无揶揄地说，这是望子成龙心切的父母必交的"智商税"，也有人说："父母的智商，是孩子成功路上的最大绊脚石。"

① 本文为"凤凰网国学频道"采访作者稿，收入时有删改。

言论场常常从一个极端走向另一个极端。奇葩得有违基本常识的速记法，固然只是拙劣的笑话，但也不能基于普通人的经验，就此断定快速记忆没有方法可循。无论古今中外，文献记录或新闻报道中记忆力超群的人并不鲜见，描述一个人博闻强识，常常会使用"一目十行""过目不忘"之类的词语。如何理性看待这种记忆达人？这种特殊能力，究竟是天赋使然，还是后天特殊训练所致？对记忆力并不特别出众的孩子们来说，想要记得快、记得牢，关键的窍门在哪里？针对这些问题，凤凰网国学独家专访了学术界公认的记忆力惊人、博学多才的著名学者龚鹏程先生。以下是访谈实录：

凤凰网国学：现在家长非常关心小孩子的记忆问题，市面上也有很多增强记忆的培训班、训练营，还有很多提高记忆力的书。可是，真有一目十行的读书人或读书法吗？

龚鹏程：一目十行，是对记忆力好的人之形容，如《梁书》说简文帝"读书十行俱下"。其他记忆力好的人，是不是一目十行不好说，但记忆力惊人者确实不少。

如秦始皇焚书坑儒以后，儒家经典之一的《尚书》就失传了。汉文帝听说山东有一名叫伏生的老者，曾当过秦朝的博士，已经九十多岁了，便派大臣晁错到他家，由他口授了《尚书》二十八篇。

汉末女诗人蔡文姬的父亲是蔡邕。汉末大乱，蔡文姬被掠到匈奴，曹操平定北方后才将她赎回。谈到蔡邕藏书四千多卷都散失了，曹操很惋惜，文姬却说不要紧，内容我都记得。于是凭记忆，竟默写出了四百多篇。

他们读书，虽不晓得是不是一目十行那么快，但记得那么牢，令人佩服。

在古代，像这样能将一本书背熟的人很是常见，清代顾炎武，甚至能背十三经呢！

史书描写人物，也常爱强调这一点，以加深读者对传主聪明的印象。如《三国志·魏书》记载王粲和友人同行，看见路边有座古碑，就站在那儿读起来。友人问他能背诵吗？王粲当即转过身来背，一字不差。又一次，他看别人下棋，有人不小心碰乱了棋子，他竟能还原之前的局势，把棋子重新摆好。你看这些记载，当然会觉得王粲不愧是写《登楼赋》的才子，真是天才。

凤凰网国学：古代常有这样的人，现在就没了。

龚鹏程：也不尽然。1926年开明书店老板章锡琛请茅盾、郑振铎、夏丏尊及周予同等人吃饭。酒至半酣，大家听说茅盾会背《红楼梦》，便由郑振铎拿过书来点回目，茅盾随点随背，一口气竟背了半个多小时，一字不差。

外国也有。如犹太人伊兰·卡茨（Eran Katz）被称为"世界第一的记忆王"，拥有吉尼斯世界纪录。能用十五到二十分钟记下五百个完全不同的数字，而且是按着次序，一数不差；还能用一个小时记下一个大球上贴着的一百种不同的颜色，同样是按着顺序，一色不差等。

凤凰网国学：记得快，记得牢，有方法吗？

龚鹏程：是的，自古以来，大家就希望记忆力好。所以古希腊人非常崇拜记忆之神，认为它是女神摩涅莫辛涅的化身。

摩涅莫辛涅是所有女神中最漂亮的，宙斯跟她生了九个缪斯女神，分别主司爱情诗、史诗、赞美诗、舞蹈、喜剧、悲剧、音乐、史学和天文学。因此，在希腊人看来，将活力（宙斯）注入记忆（摩涅莫辛涅）就会产生创造力和智慧。现在我们用来称呼记忆法的术语记忆术（mnemonics），就由她的名字来。

记忆术的基本原理是：你要记住某件东西，就把它同你已知的或固定的东西，依靠你的联想力联系起来。

联想之九大要素则是：1. 色彩（色彩越生动、越丰富，记忆效率就越高）。2. 想象（想象得越生动，记忆越容易。如 A. 夸大，B. 缩小，C. 荒诞）。3. 节奏（记忆图像中有节奏感的东西越多，节奏种类越丰富，那幅图画进入记忆就越自然）。4. 动感（尽可能使大脑中的图像动起来，动的东西比静止的东西更容易记住）。5. 感受（包括口感、嗅感、触感、声音和观感等）。6. 性（性是人类最强烈的动机之一，把要记忆的东西往这方面联想也会帮助记忆）。7. 顺序和条理（把要记忆的东西按照一定的顺序和条理分门别类整理好，才好记忆）。8. 编码（可以按照事先编好的数字或其他固定的顺序记忆）。9.立体感（综合运用色彩、运动等立体的要素，赋予要记忆内容充分的立体感，会比单纯的平面、二维的感受容易记忆）。

凤凰网国学：听你这样说很惊讶，我们的印象是中国教育特别强调背诵，国外都是注重理解的。而你所介绍的希腊记忆术，看起来好像现今社会上流行的一些快速记忆方法就是它的继续和延伸。

龚鹏程：对呀，寻找记忆秘诀，是很多民族的愿望，其方法也一直在发展中。希腊以外，罗马也有这类方法。

其中最著名的是"罗马家居法"。因为家里的家具、器皿一般都放在一个固定位置，故以它们为媒介，把需要记忆的内容与家中物品进行模拟，只要想起对象就可以想起所记忆的内容了。另外，因为是自己的家，物品摆放的顺序不会搞乱，所以只要按照顺序回想，记忆内容的顺序同样也不会乱。这样既能"记"，还能"按顺序记"。今天坊间常讲的编码法、信箱法、场所编码法就是它的延续和发展。

佛教也同样讲究这些记忆法。诸大师无不是记忆奇才，能诵多少经、多少颂、多少偈！

其法称为陀罗尼，又称闻持、总持、能持。具体是针对语言音素、音节、词汇、词组的掌握。记诵时，还须伴以禅观以聚精神。

这有点类似我们学英文时的一些单词、词组、成语的简速记忆术，可是后来被神秘化了。被神秘化的陀罗尼，遂类似咒语。

《般若经》《宝积经》《华严经》《法华经》诸经均有陀罗尼品，为大乘佛教中之重要法门。原始密教则为陀罗尼之独立发展。

我还听一些教徒说，念诵"虚空藏菩萨真言"到一定的数目，即可达到过目不忘，甚至可到不记而记的最高境界。不像其他的方法要靠编故事或形象来记忆，中间多了许多任务。

你不能说念咒这些方法是迷信，因为犹太人的学习法和习惯也类似。一千年前哈萨尔国王的拉比（宗教指导者）教人"边摇动身体边学习，能提升集中力"；或犹太人习惯的"边走边学"（据说是一直坐着学的两倍效果，而时间减半），现在也还是有实验支持的。

凤凰网国学：中国古代不讲究这些吗？

龚鹏程：中国比较特殊。一方面我们的教育特别强调背诵、记忆；另一方面我们又较少去找记忆规律、发展记忆术，如希腊、罗马、印度那样。

我们的方法，仿佛只是死记硬背，强调"功力"而非"技术"。个别记忆力特别好的人，则被归为天才。天才不可学呀，所以没真正的方法可以传授。

凤凰网国学：那记性不好的人可怎么办？

龚鹏程：我们的思路，可称为"请循其本"，也就是凡事从根源上救起。具体办法，一是生出天才来；二是才分不足，设法补足、补救。

西方当然也讲遗传学，但主要是从基因讲。可是基因说有许多不能自圆其说之处，例如李白的儿子，当然有天才之基因，可是他就不是天才。王粲记忆那么好，他儿子的记忆力也没人称道。可见基因说还不能解答记忆的天分问题。中国民间流传着种种说法，称某些男女配合较容易生出天才，记忆力好。

但婚配的原因和条件很复杂，不可能都按着这类规律来，那么孩子生下来了，资质也一般，可怎么办呢？

中医也有许多补脑或增强记忆力的方子，例如《千金方》中有孔子大圣知枕中方，说是龟甲、龙骨、远志、菖蒲四味，等分，酒服方寸匕，日三夜一，常服令人大聪。又有金标状元汤，是取熟地黄、天冬、远志、酸枣仁、菖蒲，以水煎服。读书方，则是菖蒲、远志、桂、甘草、地骨、人参、巴戟天，倍煮茯苓糊丸服，可以增强记忆力。状元丸，是菖蒲、远志、白茯神、巴戟天、人参、地骨皮、白茯苓、糯米合成。《寿世保元·健忘》又认为"读书劳神，勤政劳心"可吃加减补心汤，是由人参、生地黄、当归、远志、石菖蒲、酸枣仁、白茯苓、陈皮、白芍、知母、白术、麦门冬、黄柏、甘草等中药配伍而成。

这类药方很多，食疗，吃脑补脑的办法也很常见。现在关心小孩子记忆力不良的家长不妨参考使用。

凤凰网国学：坊间各种奇葩速记法，到底有没有用呢？

能造就记忆超群之人吗？

龚鹏程：哈哈，嫌吃天王补心丹太土了，想找一步登天的秘籍？

其实现在各种速记法、速记班，多是商业推广的。既是做生意，我们就要有接收广告宣传的警觉。因为广告多有夸大之处，十五分钟读完一本书，听起来就不比吃猪脑可以补人脑更靠谱。何况十五分钟读完一本书干吗呢？书不是广告纸，可以看过即扔，是要细细思考、玩味、咀嚼的，读书之趣味和益处即在于此。匆匆一扫而过，记得当然也不难，可又有什么用？

这是追求记忆速度的。还有一些速记训练班，则是教人记一些特定的内容，例如圆周率可以记到小数点后多少位之类。这只能用来炫技，其实根本没什么用。

另一些追求量，例如要求能背三五十万字，或如茅盾那样"包本"，也就是全本背诵。这些当成好玩、对某本书特别有兴趣或少小读之自然成习，当然甚好，作为目标来追求就无聊了。有些书，如《仪礼》《尔雅》哪需要背？有些如《史记》的表志又何必背？背《说文解字》《康熙字典》更是可笑。即使《唐诗三百首》，也是看看就好，择其部分背诵，没必要全本背的。

凤凰网国学：速记法都没什么用吗？像您这样博学的人是怎样练成的？

龚鹏程：我吗？我不否认我有点小天才，从小记忆就好，不到一岁已能记事。某些时候，用志不分，也能过目不忘。看得快，记得多，故较能精博。至今我写书写论文，仍多是凭空起稿，不用查数据、上检索。

但之所以能如此，我觉得关键其实并不全在天生的记忆力上，关键反而一是多读，二是善忘。

读得多，自然记得多，这是不消解释的。记得少的人，首先就该反省你为什么读得那么少。

善忘，则是说人的记性，虽说有天生的差异，终究差异并不甚大。时间、精力又都相当，你怎么就能比别人记得多呢？关键就是前面讲的，大部分东西并不值得记，许多可以查得到的资料也不用记。只需记那些经典的、你特别有兴趣的、深刻且值得玩味咀嚼的就够了。

时过境迁，自己又提升了理解的层次，过去以为该记的，就又还要再行淘汰一次。

如此层层释放，忘得越多，吸收的切己有用之新知乃越多，已记得的东西则更实更牢。否则，记得一大堆垃圾，有什么用？

另一个关键是：理解。

大多数人把记忆单独看，想象脑子是个大水库，记忆就是往里头注水。或说脑子像仓库，先记忆储备好材料，将来长大了，理解能力渐长，再整理、编排以备用。殊不知，没理解的材料仍旧只能是垃圾。

而且，没理解的东西，勉强记也记不住。我小时候参加法会，听人诵《大悲咒》《往生咒》《阿弥陀经》《梁皇宝忏》，真是小沙弥念经，什么都能立刻记得，但不久就又忘了。为什么？因为不深知其意，但随音声而如素习罢了。现在每个小朋友，在学校背了无数课文，也同样旋踵而忘。

现在大家开始会做垃圾分类了，因为懂得了垃圾分类以后才能做资源回收、再利用。垃圾尚且如此，原本不是垃圾的知识，当然在吸收、记忆时，就该理解其性质、分析其属性、归纳其类别，令其各从其类、分别其条属。这样，既便收储，也便将来利用。

记忆还不只要跟理解力结合。大家也知道现在全脑开发的理论。左脑主管逻辑思维、语言、计算、排序和分析，右脑主管想象、色彩、立体、空间、节奏等。如果我们在记忆时充分调动左右两脑的功能来同时参与记忆，就会容易得多。所以记忆跟理解、想象、审美、节奏等又是结合的。希腊的联想记忆法，不也从此处着眼吗？

许多家长或学校都命小孩子呆呆坐着死记硬背，背不完不准去玩。这就违背了这个原则。小孩唱歌、跳舞、打拳、画画、团队互动，其实都可增强记忆。事实上，越活泼、越健康的小孩，记忆力也越好。

凡此，讲的好像都是不专注记忆之记忆法。我之得力处，未尝不在此。

但我举此以供人参考时，大家却好像并不以为然。因为国人的习惯，多是以水济水、举火救火式的。啊，你记忆不好，赶快来上我这个班，记得这些公式就可以增强记忆力了。这不是跟要精简政府机构，于是赶快增设一个精简政府机构部来办理一样吗？这可不是处理事情的好方法。

实际上，记忆力也不足恃。你看古书记载的那些记忆力惊人的大才子，后来都怎么了？真正凭好记忆而能成为大学者、大思想家的，几乎没有，更不用说在街头贩卖记忆术的朋友了。所以，谈记忆，还真不能只在记忆力上纠结。

"文言文"与"白话文"都是生造词 ①

导　言

　　2019 年 6 月初，沈阳一位中学语文教师写了一篇《钢铁侠传》，寥寥几百字写完钢铁侠的一生。这种中国文言文和好莱坞超级英雄故事的结合，迅速攀上当天微博热搜。几天后，湖北青山区一小学六年级学生用文言文写作高考题的新闻再次被多家媒体争相报道。此类例子还有很多。

　　针对当代种种文言文写作现象，有人提出一个观点："当代人写文言文，就是一场尴尬的行为艺术。"文言文在当代究竟经历了什么？当代文言文教学或写作，有无必要？文言文的运用是否过时？凤凰网国学频道为此独家专访了龚鹏

---

　　① 本文为"凤凰网国学频道"采访作者稿，收入时有删改。

程先生。著名文史学者刘梦溪先生曾评价龚鹏程"驱遣文言之娴熟，快成绝响了"。那么，龚先生如何看待"文言文"？以下是采访实录。

凤凰网国学：1926年，鲁迅在《古书与白话》中直言："古文已经死掉了，白话文还是改革道上的桥梁，因为人类还在进化。"对此，您怎么看？

龚鹏程：革命时的口号，犹如恋爱时的誓言，岂能当真？鲁迅自己后来写不写古文、作不作旧体诗？又，研究鲁迅的人都知道：他不但能写、常写，在表达隐秘、深沉的感情时，更会不由自主地选择文言。如《唐宋传奇集·序例》中交代写作的时间地点："中华民国十有六年九月十日，鲁迅校毕题记。时大夜弥天，璧月澄照，饕蚊遥叹，余在广州。"既指中国处在黑暗之中，也有以"璧月"指情人许广平、"饕蚊"指情敌高长虹的意思。这种表达效果即是古文的优长之一。于此可见古文不死，反倒是白话，时空暌隔就常变成死文字。如元朝的白话碑文："长生天气力里、大福荫护助里"，"无体例的勾当休行者……他不怕那圣旨俺的！"你看得懂？

再说了，一百年前用来打倒古来文章传统的，是语文工具论、进化论。现在你还相信这种老掉牙的论调？物种有没有进化尚且难说，以文学说进化就只能是笑话。现代人写的，都一定比《诗经》、《楚辞》、李白、杜甫好？工具，用什么工具就一定胜过另一种工具？工具，一要看会不会使，古文在你手上是死的，在我手上却是十分灵活，正所谓"死蛇弄得活"。就像博浪沙椎击秦始皇的大力士，用椎一百二十斤，我们用不来，便只能把椎当废铁，弃置不用。二要看场合，用铁锤炒菜当然不如锅铲。文章又不是讲话说相声，用的自然只能是文字，而不是语言。所以当年诸公提倡白话，本来就文不对题。

凤凰网国学：您如何理解"文言文"？"言"与"文"的关系该如何处理？

龚鹏程：当年提倡白话的先生们，之所以文不对题，是因为看到欧洲"言文一致"。所以，要从语言角度来改造我国的文学。文言文、白话文，就是因此而生硬制造出来的新词。

可是他们忘了西方没有文字，其所谓字，只是语言的标音记号，犹如我们的汉语拼音、韩国的训民正音等。中国文字则是语言之外的独立符号体系，非语言之记录。故西方只有语言学，没有文字学。文字学是近年想打破语言逻各斯的雅克·德里达（Jacques Derrida）一类人才拟建立的。

没有文字的世界，言文可以一致。已有文字，如何一致？

因此，"白话文"是个自我矛盾的生造词。不管是不是话，一旦写成文章，便只是文言不是话，是文字的一种舞蹈，而非语言之技艺。就像演讲，唾咳珠玉，自显语言之美，但若要用文字记录下来，却总要花大气力仔细笔削润色一番不可。文字的逻辑，不同于语言的韵律，所以无法"我手写我口"。

真要我手写我口，最多就只能像香港报刊"明明觉得无问题，偏偏写出黎就系怪怪地，都系用返书面语好睇啲"，"其实书面语都有讲究嘅，有啲人唔识打就求其揾个字出来顶。打简体字系有所谓，至紧要唔好乱改嗰啲字"这样，形成一套广东话文。或"阮 suah m 知 beh 对 toh 位讲起，讲起阮 khg tī 心肝仔内 ê 欢喜 kap 忧愁"，"文学反映依佮土地分感情；啥乜所在分侬"之类的闽南话文。

"文言文"同样是不通的词，它指的就是文。在口说无能为力时，文字才登场，例如口说无凭，才需要留下字据。文字若能组绣锦缎，焕然成章，才可称为文章。它与言说乃是两路，不可误合为一。

可是这么多年，我们不是已经都在写白话文了吗？不，写出来的都是文言，是文字的表达，只不过在其中参用了若干模拟口语词汇，或对语言的译写与模仿，或松散拖沓之文言而已。

凤凰网国学：请您谈谈"文言文在当代"和"当代的文言文"各有何特点？呈现什么姿态？

龚鹏程：古代的文章，现在不废江河，当然仍都在读着。在台湾，一直占教科书中之大宗，近年才大肆删削。大陆反之，近年大幅增长。

写作方面。过去台湾除了专门当文学创作来写的以外，公文、法律、判决、尺牍都用文言，所以中文系会开专门的"应用文"讲这些怎么写。有时还会用到寿序、请柬、笺启、碑记、对联等，古文骈文的功夫都需要有一点。现在政风鄙俚，水平自然大幅下降，但文采可观的也还不少。大陆老宿名家、青年俊彦，能奋笔与古人争锋者同样不少，陈永正、徐晋如先生的《百年文言》一书是很好的选样。

凤凰网国学：当前人们对待文言大多采取只阅读不写作的态度，只有少数爱好者写作，文言文写作呈现一种"古董复制"状态。您如何看待这个现象？

龚鹏程：大部分人确实受五四运动的宣传影响，不再写所谓文言。少数爱好者，或热情有余，训练不足；或附庸风雅，不明体式，以致赝鼎充斥，造了许多假古董。可见文化断层果然严重，也引来了许多讥评。

但文化断层，不就是新文化运动鼓吹写白话文的成果吗？现在应当拨乱反正，弭平或修补断层呢，还是干脆让它断个彻底？显然应是鼓舞大家尽量练习着写，而不是泼冷水，叫大家放弃吧！何况，文学写作在任何时代都是烂作品多于好作品的，我们不能只见泥沙不见金。

凤凰网国学：近年来，由于国家对优秀传统文化的重视，一批青年学子突起，形成新的"文言文写作特象"。如曾有学子以"赤兔之死"得满分作文引发激烈争议，后被破格录取上大学。又如这几年一出新闻人物就在网上热传的史记体某某传，或仿《陋室铭》等古文写成滑稽文等。如何看待年轻人对待文言文的态度？

龚鹏程：出现青年规模化的文言写作群，是好事，也是个新趋势。既显示了文化自觉，渐渐脱离"五四迷思"，也表现了新世代的传统文化修养。我见过不少可喜的例子，文采斐然，令人对文学的未来怀抱不少喜悦和期待。

凤凰网国学：当前人们对旧体诗词越来越重视，各地诗社呈势如破竹之态发展。而同为古代文体，文言文体的教学与学习在当代却处于无序、不自觉状态。为何会出现这样的现象？背后有何深层原因？文言文在当代如何传承？

龚鹏程：文言教学与写作也一样热啊，我甚至发现北京还有这类少年夏令营。许多书院也以培养文言写作为宗旨。因此，我觉得文言写作由不自觉到自觉、由社会不重视到重视，正是这几年很特别的趋向。对这一点，我是乐观的。

我担心的，倒是自觉的文化承担性太重了，反而可能入了歧途。因为提倡的人太执着于文言，对现代语文、西方文化既不熟悉又有敌意，这在文章意识和造句方式上就都不可能有新意，酸腐气、迂阔气十足。而文化断层之余，能掌握的往往只是从前一些通俗讲章、塾课笔法，这又如何能窥大雅？由这个角度看，文言文体的教学与学习，确是问题，亟待改善。学校里面语文课的文言教育，那就更不用说了。

凤凰网国学：钱梦龙先生指出文言文教学存在"字字落实，句句清楚"的所谓"八字真经"的误区。文言文教学是否成为历次语文教改的"死角"？您认为文言文教学应该如何实施？

龚鹏程：钱先生批评的是现在的学校基本的教学模式。老师逐字逐句串讲，加上一点古汉语知识的介绍；学生则忙于记词义、记译文；考试也主要考词义和翻译。这当然是没效果或只有反效果的。

改善之道很多，我先只讲一法。中国文章之学，首在辨体，体式不同，写作要求便异，教法也不一样。记是记、传是传、论是论、表是表、铭是铭、赋是赋，各有格式特点和审美要求，要让学习者弄明白。

举个例子。俞樾有本《左传连珠》，是为孙儿俞陛云作的。其孙得此教诲，后来果然在文事上大有表现。所以俞樾是道光三十年（1850年）二甲第十九名进士，俞陛云则为光绪二十四年（1898年）一甲第三名，也就是俗称的"探花"，在科名上超过乃祖。

有笔记说俞樾晚年笔墨每由陛云代笔。事虽不可考，但俞陛云自己确实著有《诗境浅说》《乐静词》等。连珠一体，少承曲园老人指授，料亦精能，不过没什么文献留下来。倒是以连珠教小孩子练习写文章，已成俞氏家传之教学法，故俞陛云之子，即大名鼎鼎之俞平伯，虽是新文学名家，出版过新诗集《冬夜》《西还》，杂文集《杂拌儿》等，但在他《燕郊集》里就收了一篇《演连珠》说：

盖闻十步之内，必有芳草；千里之行，始于足下。

是以临渊羡鱼，不如归而结网。盖闻富则治易，贫则治难。是以凶年饥岁，下民无畏死之心。饱食暖衣，君子有怀刑之惧。……

盖闻思无不周，虽远必察。情有独钟，虽近犹迷。是以高山景行，人怀仰止之心。金阙银宫，或作溯洄之梦。盖闻游子忘归，觉九天之尚隘。劳人反本，知寸心之已宽。是以单枕闲凭，有如此夜。千秋长想，不似当年。

这就是连珠体在俞氏家族中的教学之效。现在不明体势、不悉作法的翻译和词字解释，能教学生写篇铭、作篇赋出来？而教文章，只让欣赏，不能使学生会写，就跟在岸上教游泳一样，比划姿势，说得天花乱坠，一下水全完。

我的中国文化史继承情况

优游史海数十载，迄今何所遇、又何所获？将为鲛人之泣珠，抑或竟成哪吒之闹海？述往事而思来者，不免感慨万端。

史学大端，出于《春秋》。近年"春秋学"在大陆又已渐复苏，故由《春秋》谈起。

一、徘徊于《春秋》之门

在台湾，治《春秋》之学者也不少。

台大以戴君仁先生为最著，有《春秋辨例》。先生是朱家潘、史树青、叶嘉莹的老师，精研经学、文字学、思想史，又能作诗文、擅书法。1945 年先生即来台北师范学院担任"国文系"主任，后长期在台大。

台师大则程发轫先生著有《春秋左氏传地名图考》等。又擅长天文推步，定孔子诞辰为阳历 9 月 28 日，被"教育部"采用至今。门下裁成甚重，治《左传》有刘正浩先生，治《穀梁传》有王熙元先生。

另傅隶朴先生则从事三传比较，著有《春秋三传比义》。

其实诸先生多兼治各经，不只《春秋》，又多善辞章。戴君仁固然不用说，王熙元先生也长期担任中国古典文学研究会会长，与创会会长黄永武先生为修辞学名家而精研《毛诗》《易经》相似。

此为当时学风使然，我读的淡江大学亦不例外。

淡江大学的《左传》课是黄锦鋐老师教的。我入大学时，老师已转去师大，但仍返淡江讲《左传》。

授课前，我已认得老师了。因学校办演讲，曾派我去台北接老师来校。其实老师在淡江执教多年，且曾主持系务，岂会不知道如何来校？但派人去接是种尊重，故命我跑一趟。

当年学校对教师风气如此。教师不是职员，是敦聘来的西席，属于贵宾，礼数不可少，因此校长都要去老师们家中送聘书。后来改成系主任去，又后来直接寄发了。又后，则命教师来领，直接由人事处职员安排其工作，提示他该遵守的纪律。

于是师道沦亡，教师变成职工，且是隶属于行政体系下的底层职工了。

黄老师清癯矍铄，以治《庄子》闻名，讲《左传》亦原原本本，叙事颇见条理，教材为日人竹添光鸿《左氏会笺》。我参酌顾栋高《春秋大事表》、高士奇《左传纪事本末》等书来看，很是受益。

后来他以五十高龄，东渡扶桑攻读博士，又开了一条我们对外学术交流的路子，同学连清吉即循其途轨者，可以接上日本汉学传统。

我硕士论文请他指导。博士毕业后"大闹天宫"，撰文批评以往之博士论文写作多有问题，引起轩然大波。他正好担任师大"国文系"主任，触在风口上，却仍保护着我，对我优容有加，令人真正感受到师德之可尊可贵。故对黄老师，我极是感激。

但我读《左传》仅略知史事而已。后来多讲条例，又关注于文章之美，与古代"左传学"之主流有些距离，未发展其叙事性的一面，也不谈尊王攘夷。

春秋公羊学也花了我不少精神。

公羊是晚清民初之显学。那时，学术之重心是今古文之争。康有为之前，已有嘉庆、咸丰、同光数朝常州学派之积聚。晚清则广东之康梁，湖南之王闿运、皮锡瑞，四川之廖平都讲今文，古文另有章太炎、刘师培等与之颉颃。政事、学术、人情皆牵扯其中，一直延伸到《古史辨》时期。史学家中，崔适《史记探源》是今文学；钱穆初崛起，也由辨刘歆父子能不能伪造古文经开始。

可见这已不只是经学家们哄争之焦点，史学界也一样。后来这个问题，到徐复观、陈槃、黄彰健诸先生都还在处理。哲学界也有熊十力这样既用今文又主《周官》的。我由晚清顺着往下捋，自然也就涉足其中，如陷大泽，花了好大气力才挣扎着走出来。

但如今风气大变，公羊今文经说，学界已甚陌生。前几年某大学古籍所编了本宋代经学专刊，里面居然收了篇谈宋翔凤的论文。宋乃清代常州今文学派学者，竟被编入宋代经学刊物中，你说有多扯？其不为今人所熟知，可见一斑。

我治公羊，则与论诗相俪。过去，龚自珍《常州高材篇》曾说常州经学家"人人妙擅小乐府，尔雅哀怨声能遒"。我由此领会其词学讲寄托比兴其实即由其经学上讲易象、说春秋微言来，故并取其说经之书互参。

当时读之，颇觉怪异，因为什么都可扯上孔子创制、为汉立法。如《论语》"五十而知天命"，刘逢禄曰："谓受命制作垂教万世。"

"质胜文则野，文胜质则史，文质彬彬，然后君子。"刘曰："殷革夏，救文以质，其弊野；周革殷，救野以文。"

而他们的解说与我们一般的理解不同处，是辄以今古文家之不同来解释，谓古文家如刘歆等窜改文本或胡乱解说。

如子曰："述而不作，信而好古，窃比我于老彭。"康有为注说老彭只是一位古人，把他解释为老聃和彭某两人，是古文家乱讲的。甚至这整句就是刘歆窜乱，因为孔子是创作者而不是述者。把孔子描述为述古人士，正是古文家阴恶之用心。

同理，孔子说："甚矣，吾衰也，久矣吾不复梦见周公。"康有为也认为这句是刘歆窜入，以推崇周公、贬抑孔子。

这些解释，在近代曾引起轩然大波，而且它还不仅是历史性的。当年托古改制，倡言维新，用的是这一套讲法。20世纪90年代以后，大陆托古改制，提倡政治儒学，要回到康有为的学者，同样所在多有，因此经学在思想领域的活力，绝不能小觑。

西方其实也有类似的情况。整个启蒙运动、工业革命、科技发展，都是反宗教的，从脱离上帝、教会、《圣经》开始。可是工商资本主义发展到后来，批判者就又经常回到《圣经》去。如解放神学，要把他人从政治、社会、经济上被压迫的地位解放出来，进而解放其灵性，故对《出埃及记》《杰里迈亚书》《路加福音》《马太福音》等再作新解，而后并出现黑人神学、妇女神学、民众神学、斗争神学等，总称为政治神学。这种政治神学，与近时康有为的政治儒学，不是颇可比较研究一番吗？通经致用的含义，由这个角度看，再明显不过了。

当今，并没有人能从解放神学这一类角度来谈公羊学，以形成经学与当代思潮、当代政治的普遍性话题。因为谈

"政治儒学"者，旨在政治，期有裨于实际，故于学理上并不薪于究竟。从政者，则以力、以势取胜，亦不在意学问。公羊学之不能更有发展，原因不难索解。

我自己也不能专心致力于此。常州之学，乃至廖平、康有为，我皆能入不能从。我之蹊径，别有踪迹。

大抵有六方面：一是不考《春秋》之史，而以《春秋》为史之源，顺之以下而讲史学；二是由《春秋》之有三传、有今古文家之不同解释，而由此试探诠释学之奥；三是以《春秋》为书法辞命之学，属辞比事，而由此去勾勒文学上的法度格例；四是就"春秋经世"来覃思当前我的经世之道。五是由《春秋》以道名分"讲正名之学。六是由《春秋》"为汉制法"，接下去讲未来学。

二、观乎人文：史原、史权、史义

春秋学最直接的流裔是史学，史部即是由经部春秋学中独立出来的。而更早，《春秋》一般也认为是孔子根据鲁史而作。公羊榖梁今文学家，严经史之分，不同意此一说法（谓孔子采鲁史等各种"宝书"而创作《春秋》，是为未来立法，非面向往古记录历史），却也不影响孔子以前即有史书史学之事实，亦不能否定孔子《春秋》"其文则史"。

但过去讲《春秋》、讲史学的先生们似乎又太偏于"其事则齐桓、晋文，其文则史"这一面，花了很多气力去考订《春秋》史事。尤其是古史辨运动兴起时，春秋战国史成为热门，钻研者极多。学术史上，自晚清国粹运动以来，又以诸子比拟希腊诸哲，把春秋战国视为中国学术黄金时代，因此考史事、订系年、论地理，风起云蔚，名家不可胜数。上古史，也是由这一段往上推的。

我读大学时最迷这些，追踪诸家说解以为乐事。其后渐厌，觉得讲上古史等于画鬼魅图，毫无定准；征实于春秋战国史事，亦理趣无多。因此我的工作，乃是遗形取神，不就史事说，直探史义。但这个义又不指孔子作《春秋》之义，而是史之义。

这方面，我服膺柳诒徵先生。其《国史要义》，我觉得是论中国史学最精要之书，总摄凝练，超过钱穆。共十篇：《史原》《史权》《史统》《史联》《史德》《史识》《史义》《史例》《史术》《史化》。我之治史，本从此入，故关于史义，不能讲得比先生更好了。但柳先生全书一开头论史原就说："史之初兴，由文字以记载"，却是我可赓予补充的。

史与文字结合在一起，正是中国史学之特色，其他民族无此观念，故上古以传说、神话、歌谣、图像为史，近世以考古为事，史学则不皆如中国这般重视文字、文献、文学。器物、图像、录音、摄像都会比文字更受西方看重，或至少是等齐的。中西史学中的许多龃龉都和这一根本因素之分歧有关。

文字崇拜是我对中国社会文化定性之一重要指标，史学恰好就是其中非常重要的证例。中国人不相信"事实"而相信"记载"，记载又不能不靠文字，因为口说无凭，不如文字可以依据。文字之所以可以依据，则是因为它具有不朽性。为了强化字据之不朽性，我们又将之载于竹帛、镂诸金石。所记载铭刻下来的这些文字，因具有不朽性，可以垂世永远，具有历史意义与价值，所以才称之为"史"。

因此，史本来就指写下来的文字，不是它原先的事。孟子把"其文则史"与"其事则齐桓、晋文"分开来说，就是这个道理。孔子论文质，也同样说"文胜质则史"，可见史者文也，而且自来就有文采太过之弊，非汉魏以后才文采滋彰。《汉书》说武帝时人才鼎盛，"文章则司马迁、相如"，把司马迁跟司马相如并列为文章士。史迁自己作传，相如一传也是《史记》中最长的。可见文史渊源，骨血本来如是，非刘知几以降努力区分文史者所能知也！近代史学，尤暗于此。但知考事，不能属文，考事又以前面说的器物图像等为重，故去中国史源愈远。

我关于文字崇拜的讨论甚多，上溯真文信仰，均是可以阐发"史原"之意蕴的。

由此，也才可以补充柳先生史权之说。史之原在文字，文字具不朽性、神圣性，其原亦出于天，落实在具体政治体制上说史官史职之所以重要，便是因它具有这种性质，秉天权以衡度人间之是非。

这种权力，虽由帝王封官而来，但其权力来源是天，不是王，所以反而帝王皆需对之有所忌惮。友人雷家骥《中国古代史学观念史》特申"以史制君"之说，即是把这种性质体现于实际政治中。这也是近人讲制衡君权时已经遗忘了的。近人讲制衡，均参照西方。但西方仅有三权分立，欲以立法权、司法权制衡君权行政权，心态上另辅以上帝《圣经》而已。

可是上帝《圣经》并不体现于制度中，中国却有。史权包括谥号、起居注、实录、史官褒贬等，因此"《春秋》作而乱臣贼子惧"并不是一句空话。中国人，纵使是暴君、枭雄、土寇、乱民，也无不相信盖棺论定，敬畏历史的评价。不似今人胆敢猖言：历史是小姑娘，可随你打扮。

推其原始，史官盖犹部族之巫师也。史迁自云家世史官，文史星历杂于卜祝之间，后世以为职轻，古则职莫重焉。代宣神谕、启示人心，王者言行，皆须征求其意，以此具独立超然地位，而王不敢以臣隶视之。故古有神圣性权威，后世亦仍具传统性权威。

以上这些是我的补充，以下则要由史义方面去阐述中国的史学理论。

传统史学，大抵如柳先生所云，理论存于史法、史例之中，并不独立绎说，仅见者如《史通》《文史通义》而已。近世言史，弃我玉璧，宝邻砖石，徒取径于西方，理论部分尤其如此。少数受西方启迪之后，再回观《史通》

《文史通义》。珍视之余，亦辄注释阐说之，两书之研究，遂成显学。

然而，容我说句不恭敬的话：大家固然都花了气力，但对刘章旨趣，恐怕均不得要领，更莫说与之对话、知其利弊了。欲由两书以明中国史学精要，我觉得也是惘然。

刘君史学大有问题，章则是文史学，非今所谓史学。详情可看我《史通析微》《文学的历史学与历史的文学：文史通义》等文。刘氏"晚谈史传，遂减价于知己"，唐宋均有专门驳斥其书的。他反对论、赞并列，反对收录文章，建议删去《五行志》《天文志》《艺文志》，不同意列表，想加入"人形志""方言志"，都是不通的。更不通者，在于只言人不言天，知常不知变。我素轻之。章学诚读书少、固执多，偶有洞见，实蔽通方，硬要复古到周公时期，其憨劲与拗劲也都令人莫可奈何。

三、察于时变：演化、异化、分化、革命、复古

现在论中国史，还不能不关注马克思主义在中国的发展。

这个发展，是伴随着争论的。1930 年北大史学系即发生赶走系主任朱希祖的风潮，要求开设中国社会史、唯物史观研究。朱先生 1920 年开始执掌北大史学系，即提倡梁

启超讲的那种"新史学"，属于美国鲁滨逊（James Harvey Robinson）一类。而这年发生这等事，即可知马克思已成为时代之新潮了。1928年出现之中国社会史大论战，反映的就是这一形势。

论战的主题有二：中国社会的发展阶段是什么？中国现在是什么阶段，性质为何？这些问题，背后乃是马克思历史唯物论如何应用到中国史上来。

依马克思说，历史有奴隶社会、封建社会、资本主义社会、社会主义社会诸阶段，生产力与生产关系之改变，推动了社会之变化前进，将来还会进化到社会主义。那么，中国呢？

很多人，甚至许多教马克思的人都不晓得他的"历史阶段论"其实并不包含中国，只专指欧洲。因为他受黑格尔影响，认为中国虽有历史而无历史性，故长期停滞不前。此种亚细亚生产方式，为他所不能理解。

可是到了1928年那时，马克思主义却已经成为一种全球化的国际行为，共产国际都运作老半天了，马克思历史阶段论怎么就不能用于中国呢？于是，大家努力去想办法将马克思的框架套到中国历史上来。

而确定中国当时是什么阶段，不但与此考虑相关，更牵涉到革命的策略问题：若不能确定当时社会之性质，怎么进行革命？又要进行什么样的革命？

社会史大论战，于焉开打，百家争鸣。

现在看起来，这事有点可笑，但当年确有此意识纠结，也不能不辨。而其中涉及中国社会史到底应如何了解，也是不能回避的。

台湾当时讲马克思的名家其实还不少。有"老左派"、日据时期就活跃的共产党员，也有大陆来台的胡秋原、郑学稼、严灵峰等。他们还有《中华杂志》及帕米尔书店传播其学，因此我并不难找到相关资料来研习。陶希圣先生及其《食货》杂志也仍在持续研究社会史经济相关问题，故对当年大论战以来之观点及研究法，我们依然有所继承。

我的继承情况，是不承认历史五阶段论在中国史上应用的合理性，也不认为中国有奴隶制度。

封建制度云云，在中国史上也根本讲不通，中国的封建与西方的骑士武装政权、农奴经济形态不是一回事。

资本主义社会嘛，我较倾向日本京都学派之解释，觉得若一定要这么定，则划在宋代也比划归鸦片战争以后合理。而是否为资本主义社会，似可以不必坚持。只是唐宋之间确实存在一个巨大的转型现象，则不可忽视。

至于明代末期的所谓"资本主义萌芽"也是说不通的。虽然晚明也有社会变动，但其性质与幅度都小于唐宋，略近于汉魏之间而已。

清代之变局，外部西力冲击固然甚大，但内部社会人口增加，种族、阶层矛盾扩大才是主因，要从内部重新理解。向西方寻找真理之近代，乃因此多是病急乱投医，引进了错误的药方，差点一命呜呼。

我硕士毕业之后，唐亦男先生聘我去台南成功大学讲诗。我教室边上就是历史系的图书室。该系以台湾史研究见称，因建系历史较久，与日本史学界渊源又深，因此藏书颇丰，日本史家论述中国史的著作尤其令人眼目乍明。我每去成大，都钻进去看书查资料。日本京都学派与东京学派对中国史断代之问题，因涉及我博士论文要处理的唐宋文化之定性问题，更是引我关注。那一段长榕落日中闭户读书的经历，时刻在怀，十分忆念。

当时我处理唐宋之变，主要是想具体解释唐诗宋诗之分。

我接受钱锺书先生说，谓唐宋诗不仅是时代之殊，更是风格之异。唐型与宋型诗是中国诗歌的两大类（就诗而论，我认为还有一型，即汉魏六朝，选体诗一型，钱先生未及论述）。而唐代、宋代为何出现两种不同类型的诗歌，原因不能仅从诗看，诗只是文化之一或表征，唐代文化和宋代文化整体上就是不一样的，为何如此不同，则要由唐宋间的总体社会变动看。

因此我吸收了日本"唐宋变革期"的一些论述。我《江西诗社宗派研究》第二卷，《唐宋社会历史分期之检讨》《社会变迁中之经济形态》《社会变迁中之社会结构》三章中便可看见若干受这些社会经济史前辈著述之影响痕迹。过去论唐诗、宋诗者多矣，但无此视野，故也未能涉足于此。

但在经济社会史视野中，我尝试再引入思想史的角度，即由余英时先生论知识阶层的论述中转手，吸收了他知识阶层的概念和关于"哲学的突破"（Philosophic Breakthrough）之说。

余先生的《中国知识阶层史论》于唐以下并未讨论，我参考他说汉末士之群体自觉以言唐中叶以后士之文化自觉。

余先生"哲学的突破"引自雅士培，主要用以解释春秋战国一段为何能形成类似希腊哲人时期那样的飞跃性思想大发展。

我对雅士培之说，实不赞成，在《中国传统文化十五讲》论周公处已有辨析；余先生以此解释春秋战国之突破，我也不以为然。但用来解释唐代中期曾发生过一场大的思想变动，对本身之历史地位，起了系统性、批判性之反省，而确立了新的思想形态，发展出新文化，则可能仍是合适的。

余先生论汉末士之群体自觉及由此而说汉魏之际的思想文化变动，我也不以为然。汉魏是延续性的发展，在发展中逐渐变成另外的样态。

这种样态，一是水成了冰，毛毛虫变成了蛾，称为演化；另一种是异化，发展发展就走到了原先的对立面去。分化、演化、异化，就是我对社会变迁模式的主张。

前辈们论春秋战国、魏晋、晚清之变迁，无论是用"哲学突破"或"个体自觉"去解释，似乎都不脱革命式的气

182

味。其实革命式的反转，破旧立新，是最少见的，即使唐宋之际都不能说是革命。其革面或未洗心；或小人革面而君子尚未豹变；或革新只是复古，如西方之文艺复兴、我国之古文运动；或农民造反，而建立者乃更陈腐之王朝；或以歧径为大道；或以俗腔为雅调，均属于当代不时尚者之时尚而已，非真新创。

春秋之变，由于贵族凌夷，封建宗法之自然演化也。犹如李商隐为唐宗室，然至彼时已无封邑、无爵号，且贫若窭人子也。贵族传世既久，子孙猥多，无偌大封地可承袭，又无爵位可以世守，遂成平民，斯所谓凌夷，岂有人起而革其命哉？

贵族凌夷以后，社会大变，然变迁之中有不变者延续且作用于其间，如古贵族之学与养，不仅为诸子所继承发扬，其变迁亦由于诸子所取舍发扬者各不相同使然。此所以庄子谓诸子百家皆本于古道术，而班固《艺文志》有诸子出于王官之说也。

研究社会变迁者，固当观变，亦应知常，覃思其变与不变之故，乃能得其真际，非汹汹然弄潮影、掠浮光，便自矜得计。

四、理其思致：思想史、文化史、观念史

如此论变迁，自然也就由社会史、经济史逐渐偏向思想史、文化史。相对于唯物一路，这自然就会强调思想在社会变迁中的重要力量，不认为上层建筑只是下层经济发展带动起来的。既主张思想自有发展、自有逻辑，亦认为思想艺术等所谓上层建筑也可以且经常带动经济之发展。

道理非常简单。由"大跃进"、人民公社，转到改革开放，当然不是生产力和生产关系改变了，才形成这样的变动；而是想法变了、政策改了，所以生产力及生产关系才随之巨变。现代如此，古代亦然。

至于思想之自成逻辑、自有发展，则余英时先生"内在理路"之说及研究示范，导夫先路，足资启发。只不过其逻辑究竟为何，解释上我与余先生会有些不同罢了。具体案例，可详见我《晚明思潮》。余先生论晚明，由尊德性与道问学方面找脉络，以论清代朴学之渊源，我完全不一样。

由思想的脉络说时代，另还有好几个形态。一是哲学界较普遍采用的心性论主脉说。

早期胡适的分期仍是上古、中古、近世，冯友兰也一样，不过冯先生认为中国还停留在中世纪，到康有为都还没进入近代哲学。此说其实迄今仍颇有人承续之，如朱维铮《走出中世纪》之类就是。

台湾既不流行马克思分期法，自然另辟蹊径。新儒家

是中国哲学的主要诠释群体，他们本不赞成胡冯，故亦不采上古、中古之说，大抵仍用朝代、仍用传统上的汉学宋学之分来看，说先秦儒家确立了心性论之大本，汉代则违异了、堕落了，杂于宇宙论。魏晋当此儒学凋敝之际，玄学老庄及佛教乃盛，至唐而佛教达到圆教高峰。宋明继起，回归心理论大本，而朱熹又有新异，所谓别子为宗。理学、心学迨晚明，逢清兵入关而命脉已断，以致数百年衰弱。

主要倡言者是牟宗三先生，唐先生、徐先生附之，而劳思光《中国哲学史》甚至比牟先生的心性论立场更单一。

新儒家是我所亲近的师友，但我理解的中国哲学大框架很不相同。我不认为心性论一条主脉之内在理路即可贯穿上下，更不认同其附从现代性的主张，如民主、自由、主体性等。另外，诸先生对道教、民间宗教毫无研究，其哲学史与社会史也是分离的，对社会变迁其实无从解释。

受新儒家影响而专就审美一面讲的，则有高友工先生的"抒情美典"理论。其谓中国与西方不同，西方偏于叙述美典，中国偏于抒情，魏晋六朝表现于诗，唐表现于书法，宋表现于词，明清则叙述美典，如小说戏曲代兴，但最终叙述也消融于抒情中。我早期颇受其影响，与蔡英俊、吕正惠等发皇其说，后才渐渐批判性地使用此一概念，另有长文详予检讨。

具体说抒情传统或心性论传统，虽然讨论起来十分复杂，但整体看来，它们偏重审美本身和哲学观念之嬗递，缺乏与社会关联起来的分析，恐怕是我不能完全同意它们的主要原因。

而由于我老想把思想和社会结合起来讲，我的史学自然就会有文化史的意味，希望能总体掌握中国文化之历史进程。

我的文化史规模，受启发于柳诒徵《中国文化史》，博士毕业后出版《思想与文化》，开始绸绎其方法与论述架构。离开佛光大学时写《思想史》，后改刊为《传统文化十五讲》实际上也近于文化史。

当然，观念史也仍是要做的。我与蔡英俊、黄景进他们做的中国文学批评术语解析，即是观念史式的，英俊另主编过《西洋观念史大辞典》，我也在北大讲过文学观念史的课，结合到我的文字学研究去，深察名号，以观观念之流变。这是哲学史之基础，不能辨析观念之含义与转变，哲学是讲不好的。

深察名号之法，我是由董仲舒那里发展来。但我不再争今古文了，我主要是想通过今文家所说《春秋》之微言大义去理解儒家的政治、历史观，并将公羊一套解经方法提炼出来作为我的诠释学内容。

在这个领域或方向上，我也颇有些同声师友。例如蒋年丰，他曾由我解《诗》、解《春秋》处看到了建立中国诠释学的潜力，可惜后为抑郁症所困，学未大成，自杀后，全部藏书送给我作为台湾南华大学第一批收藏。学生张广达、丁亚杰则英髦早逝，对公羊学均有颇多钻研，亦可惜。再就是汤一介先生。他对我开发中国诠释学这一项特别欣赏，曾牵线上海东方出版社由我主编一套丛书，惜乎亦仙逝矣。另外，刘述先先生曾精读我论徐彦《公羊疏》长文，相与发明不少，而也故去了。人事如流，论学遂多可伤，更不要说黄锦铉、陈槃、黄彰健诸师了，哀哉！

我在什么样的翅膀上飞翔

1973 年，我进台湾淡江大学中文系就学时，许世瑛先生方逝。我虽能感受到许先生精擅的文法学在系里之影响，但毕竟无法接受相关的教育，因为此后几年系里均未再开设文法课程。而事实上我们当时也无法再期待这类课程了。大学一年级，光是语音学就整得人七荤八素。"国语"谁不会说？可是语言学基本知识谁也没有。上课除了读"石氏食狮史"及"庙门儿对庙门儿，里面住了个小妞人儿"之类东西觉得好玩以外，就是戴着耳机练习发音，或者用刚学会的罗马拼音写信去整同学。一封信得写几个小时，收到信的人如看天书，也要花上几个小时才能破译。这样胡闹了一学期，下学期读《中原音韵》，更是不知所云。

二年级文字学，本是周何老师的课，许多学长都回来旁听，把瀛苑边的花厅挤得壅塞不堪。但周老师因师大系所长任内事忙，随即让沈秋雄师来教。从六书名义讲起，逐字解析示例。以《说文解字》为基，参证甲金文以求本义。这门课我倒是读得不错，有九十几分的好成绩。当时去师大参加转学考，文字学共四题，我写了三题，得了七十五分。剩下一题，问"无声字多音"的现象，则完全无法作答。监考的陈文华先生问我为何不答，我告以沈老师并未教。后来才明白文字学在台湾也仿佛武林人士分门派，是有好几派的。同在师大，沈师所教，近于鲁实先先生之说；而无声字多音，则为林尹先生闻诸黄季刚者。黄侃季刚先生乃章太炎门人，故林尹先生门下均以章黄学派传承自居。我当时虽尚未获教于此一系统，但接着大三的音韵学即立刻接触到这一宗风了。

张文彬先生即林尹弟子，他教音韵学甚为严格。上学期的守温三十六字母、反切上下字系联，令我同学人人如坐五里雾中，下课则拼命做系联作业，苦不堪言。下学期更缒幽探秘，直入古音分部、韵部通转及韵图的纵横谱阵中。读之读之，渐至于面无人色。音韵学乃中文系一大险关，重修、三修者不乏其人，终于因此而惨遭死档者更不罕见。能闯得过，也别忙高兴，训诂学又等在前头呢。修这门课，同时并须点读《说文解字》及段玉裁注。然后是利用《广雅》《尔雅》《经籍籑诂》等去解读古书。其结果，当然又是一片哀鸿遍野。

其时，系里另有于大成先生精于校勘；韩耀隆先生精于古文字，教我们《尚书》；王甦先生亦鲁门高弟，教我们《诗经》；张卜麻先生则教我们修辞学。修辞学主要是以古书文句示例说明修辞格，并以此说明古人诗文修辞构语之妙。王仁钧先生也做这类研究，有几篇论文，很在我们学生之中流传。张梦机师讲诗法，其实也接近这个路数，但不直接说修辞格，而是从古人诗法诗话中整理条例。

此外，诗词曲这类课程，因为都涉及格律及押韵的问题，因此与音韵学也是颇有关系的。张老师除了教我们用平水诗韵、背韵字，亦讲古诗"声调谱"，对于拗救和入派三声等问题，亦三复致意。傅试中老师教词，当然也会命我们依《词律》《词林正韵》试填习作。考音定律，比诗还要严格。到了下学期教曲，本以为可以摆脱了，谁晓得，呀，又绕回《中原音韵》的世界了。……这即是我们那一代台湾中文系学生所接受的语文训练概况。或许有点代表性，或许没有，但起码可说明一部分现象。

一、古意盎然

现象之一，是语文课程及其相关训练，是中文系课程的主干。文字、音韵、训诂、语音学、文法、修辞、版本、校勘，固然已占了课程的大部分，连诗选、词选、曲选、六朝文选也均与之有关。某些人选择进中文系，是耽于美感审味，并未料到会有这么多无福消受的大餐在等着他，因此可能反而得了厌食症，或有些消化不良。

现象之二，是这些语文课程不仅学分、时数及类别多，老师与学生大抵也对之不敢轻忽，视为中文系真正的专业课程。当然，物极者必反，由于太过重视这个部分，也使得喜爱文艺和思想的学生对中文系大失所望，萌生退意。对语文课应付不来的人，则倍感沮丧，在中文系中毫无生路。

现象之三，是这些语文课的教学目标非常单一，全都集中在"解读古书"上。这是学脉传承使然。师大、政大、文化等校，受林尹、高明、潘重规诸先生之影响，讲章黄学派而上溯于章太炎、俞樾、孙诒让、王念孙、戴震，以为统绪。治学方法本诸乾嘉考据，谓"训诂明，而古经明，古经明而我心同然之义理乃因之以明。古圣贤之义理非他，存乎典章制度者也"。故治学以小学（兼及典章制度考证）始，以明古经终，目的是读古代经籍。台大一脉，虽若与师大、政大系统颇有壁垒，自命为继承北大风气。然而正如胡适之讲考证、傅斯年创办"中研院历史语言研究所"那样，学风亦有偏于史料、考证、语言学之势。"中研院"院士屈万里先生兼台大系所主任，其《古籍导读》是所有中文学界共享的治学方法教本，其法即不脱朴学经学范围。龙宇纯先生继掌台大门户，亦以文字音韵名家，我们读《韵镜》时，均用其校注作为课本。因此那时候主持各校中文系所的，如台大龙宇纯，师大周何、李鍌，文化陈新雄、李殿魁，东吴刘兆祐、林炯阳，高师黄永武，东海江举谦、方师铎，淡江于大成、王甦、傅锡壬、韩耀隆诸先生，几乎都治文字音韵之学。系所开课程亦以此为大宗，博硕士论文更是多以此为题。此即使得中文系变得古意盎然。

二、寻找出路

其他的问题先不谈，专就语文研究这一点来看。欲明训诂以明经义，则治学当然仅以经典所涉及者为范围。故文字学以《说文》为主，参考篆、籀，旁证以甲骨金文。于是隶、楷、草、行等各体书，杂体、书样学或汉喃等，便因与经籍解读无甚关系而罕人理会。俗体字的研究，因敦煌文献有益于治经，尚有些讨论，宋元明清俗字即少人问津。所以我们虽读了文字学的课程，若问起文字源流及文字在社会各阶层中运用的情况，大抵对之茫然，仅能略说六书分类，谈某字本字本义为何，并粗辨甲篆字形而已。音韵学也一样。主要是以《广韵》为主，由中古音去拟测上古音之状况，以明声音文字之源。而近代汉语已少论及，现代汉语更乏探究。中文系之外的语言学界，虽热衷于语句分析及方言调查，但与中文学界并无太大关系，因为那些都对解读古书之用处不大。只有某些语句分析和中文学界讲文法而受结构语言学影响者有些交集，则是中文系毕业生往往需从事中学语文教学工作，这些分析偶尔可以派上用场之故。这样子理解语言语音，自然也是狭窄极了的。不仅所知仅偏于古代，它的工具性也不足。教我们的老师总是说小学是个工具，可以帮我们读古书。但事实上有许多时候是每个字都认得，整句或整篇的意思却难以理解。每个人读书时都有这种经历，而文字音韵学所能提供的工具作用却完全无法解决这类问题。传统训诂学也不能有效应付此一困境，因其中甚少处理语境与语义、词义与概念、模糊与歧义、寓义与蕴含等语义学的论题。它所讲的，只是依古训、辨假借、考异文、因声求义、探求语源以及递训、推因之类方法，功能只在指导语文教学、整理古籍和编纂辞书。但即使是在解读古书方面，其效能亦如上所述，极其有限。也就是说，只是种功用不大的工具。而这种工具又无法推展到其他地方。当然也不乏学长们利用这些方法校注诗集词集，作《楚辞用韵考》《东坡词用韵考》之类。可是除此之外，这些语文训练对我们研究文学能发挥多大的工具效能呢？讲中国哲学史、宋明理学，要如何与此语文知识相联结作《庄子内七篇"之"字用法考》《论语"斯"字考》？对哲学义理能有多大的阐发是我们当时学生心里都在嘀咕，而老师们又很少回答的疑惑。

处在那个考证学风浓烈的时代，我其实并不反对语文训练的所谓小学方法，我自己也尝试校注《庄子》《论语》，考诠古史，努力汲取此一学风的养分。但我们常处于焦虑中，苦恼它学来不易，却在许多场合中无用武之地；苦恼它不能解决许多文义解释上的问题；苦恼我们对人类的整体语文活动所知太少；……因此，大部分中文系毕业的学生都觉得大学生涯中被语文课程压迫太多了，可是实际上我们的语文智能并不是太多而是太少。且这些语文课所获得的知识是封闭的，只在几十本经典中彼此回环互证而已，根本通不出去。能通出去的，反而是文学。

三、西邻取火

当时中文系对文学作品的教学与研究，也是考证式的，具有历史主义的风格；利用版本、校勘，确定文件；再以语文训诂，确定文句的意思；然后知人论世，考其生平、创作时地、写作动机，而讲其诗旨。不过，中文系的历史研究向来稀松，大概说说"时代背景"、考据考据写作缘起，便以为足以知人论世。故功力所在，实仅在前半部。而且那时比较优秀的说诗者，尚能由语文来论美感，此中本领所系，即为前文已介绍过的修辞学及对诗词体制格式的掌握。修辞学本来就是古代的文学批评术，元人王构《修辞鉴衡》可证；古或称为文法、诗法、笔法，如《文则》《古文笔法百篇》《文章轨范》《孟子文法读本》等均属之。把文法和修辞分开来，分别指文句的构成与文句之修饰，一重是非，一讲美恶，是《马氏文通》引进西方文法观念以后的事。成为独立的修辞学之后，论斯学者，归纳古人所说修辞法则，形成"条例"，或称"修辞格"，如互见、倒装、尊题、夸饰、双关、顶真、跳脱、重出等。以此绳衡古人作品，即不难征见昔人匠心修饰以求美之处，且可示后学以津梁，颇便金针于渡人，接引后昆。当时如黄永武师《字句锻炼法》、黄庆萱师《修辞学》、张梦机师《近体诗发凡》，就很能发挥这种功能。这种功能后来因机适会，大获发扬，是由于形式主义新批评在台湾流行。当时外文系正推动比较文学，颜元叔先生不但也解析中国诗，更要说中文系不会解诗，无法说明诗的美感何在（考证文句、说说背景，就能分析出诗的美感吗）。叶嘉莹先生与之辩论，反被讥为"历史主义之复辟"，令中文学界愤愤不已。这时有力的抗衡者，就是既能在格律、文句、史地知识之掌握上优于外文系学者，又能运用类似新批评讲张力（Tension）、反讽（Irony）、悖论（Paradox）、隐喻、象征等那样的术语与概念，来说明诗之美感所在的人了。黄永武先生随即推出《中国诗学》设计篇、鉴赏篇；吴宏一先生也邀集中文学界青年学者编出《小桥流水》等大套诗词赏析。张梦机、颜崑阳、李瑞腾和我也都各编了一些，蔚为风尚，先后成编十数种，流通至今。

这些赏析，特点都是略说史事及字句文献考证，便就其辞语构撰之匠心，讲其美感特性。因此从中文学界的学术角度看，觉得有点"轻"，属于通俗读物。然而它事实上打开了一条生路。一方面，修辞学及文学作品的语言形式性知识（如格律、用韵、对仗、押韵、声调、词曲牌、拗救、务头、联套等），本来是从对作品的审美归纳中组织化、系统化而得，如今又转而应用于文学批评中。这对正为不知学了半天文字学、音韵学能有什么用的人来说，实在是件有启发意义的事。另一方面，这与形式主义文评也形成了有意义的对话，不只是反驳和对抗，发抒义和团式的快感，更刺激出了对中国文学作品究竟应如何诠释的方法学思维，逐渐发展出后来一些方法学的论述及诠释学的流行。

对中国文学语言形式的讨论，也接上了西方形式批评的脉络，使得中文学界在传统的语文学之外，关联上了世界的语文学研究。以形式批评来说，当时影响台湾者，乃是上世纪五六十年代在美国居主流势力的新批评学派。这是台湾赴美留学生去美国刚好学了这一套，便回来演示推销的缘故，与现今台湾流行女性主义、后殖民论述等道理是一样的。可是这派批评本身却属于一个大思路之中，那就是近代形式主义文论。这个系统，始于 20 世纪 20 年代的俄国，其后是 20 世纪 30 年代的捷克布拉格，然后在 20 世纪 40、50年代美国有新批评，欧洲则于 20 世纪 60 年代出现法国结构主义、叙述学、20 世纪 70 年代的符号学等。这些理论，并不是一下就被我们摸清楚的。台湾的学术环境，使得"批发商"或"零售店"盛行。流行于美国的思潮，系分批由外文系学者"批售"引进，欧洲思潮大抵也待美国流行后才再被引进台湾。因此我们并不能立刻就掌握这个脉络，而是新批评、结构主义、记号学、布拉格学派、叙事学，以迄罗兰巴特符号学等，分段分批，后先凌杂地逐步被接受，再慢慢串起来的。在此同时，当然还介绍进来了许多其他的文学批评路数，如现象学、诠释学、新马克思主义等。在这么多的"批售店铺"中，让我们得以将整个形式主义文评谱系系联起来，发现它们乃是"加盟店"或"连锁店"，属于同一个阵营，主要的线索，即因它们均是以语言学为基干发展成的。俄国形式主义，系依索绪尔（Ferdinand de Saussure）《普通语言学教程》音位学的理论，把诗学视为语言学之分支、整个符号理论的一部分。其后的布拉格学派也将语言学与诗学关联起来说。新批评则亦被称为语境批评（Contextual Criticism）、文本批评（Textual Criticism）、诗歌语义学批评（Semantic Criticism of Poetry）等。法国结构主义，更是直接受索绪尔、雅可布逊（Roman Jakobson）的影响。这派思想在心理学、社会学、历史学、哲学诸领域均有发展，而列维－斯特劳斯即认为它们全部奠基于语言学，甚至是音位学。在《结构人类学》中，他说道："音位学对于社会科学，必然像核物理学对于整个精密科学领域一样，起着同样一种革新的作用。"故他也用分析语言的方法，去分析整个人类文化的基本原则，如亲属、食物、婚姻、烹饪等。他虽无文学批评著作，但其他人对此却着墨不少，如巴尔特《写作的零度》、格雷马斯的《结构语义学》、托多洛夫的《文学与意义》《〈十日谈〉的语法》、日奈特的《辞格》

一、二，在诗学、叙事学、符号学方面成果斐然。其后德希达论解构（Deconstruction），著有《人文科学话语的结构、符号和游戏》《书写与差异》《言说与现象》《论书写学》等，也是从语文结构之问题开展而成的。这个脉络，在我从新批评找着一个切入口之后，上溯下索，逐渐进入，愈炙愈深，愈感其庞大复杂。因此耗了不少时间与气力去跟这些理论搏斗，从读硕士班到博士毕业，几乎有十年时间，在片断、零碎、后先错置、佶屈聱牙，甚至还有不少错误的绎述、简介或借用的实际批评中去摸索、揣摩。其辛苦，竟比大学时读文字音韵学更甚。

四、活在语言

可是读这些，跟在大学及研究所里读文字音韵学感觉并不相同。学文字音韵训诂时，除了能训读古书、考文字本义、知古音古韵以外，不但不知它还能干什么，而且会觉得学此颇窒性灵，不利于从事文学创作和研究。其想亦由"汉宋之争"导出，讲理学哲学义理，均不必采此方法，亦反对此等方法。然而，在读这些形式主义思想时，我看到的却是完全相反的情景。在人类学、诗学、叙述学、符号学中，在论神话、亲属、民间故事、艺术、图腾制度、婚姻仪式、流行服饰时，语言学是无所不在的。任何非语言的材料，都可以使用语言学的方法去分析，更不用说诗文这类语言表现物了。个别人去读这些派别的理论，会觉得繁杂无比，彼此歧互纷纭，茫茫然难寻其头绪。但只要把索绪尔的结构主义语言学弄懂了，稍微夸张点说，其他由此发展演绎而来之各色论点，非特若网在纲，朗若列眉，几乎也可以不学而能。换言之，语言学不仅可通之于各种学术，更是各门学问的基石。可是且不论传统的文字音韵训诂学，就是同样的结构主义语言学，在我们这里，从赵元任以降，就只能做方言调查和语法结构分析。涉及语言与文学之相关性者，赵元任大概只有《语言成分里意义有无的程度问题》中论"意义的程度在文学上的地位"一小节。而这样的讨论，在我们研究文学理论的人来看，也实在嫌其浅略。赵先生论《汉语中的歧义现象》，则完全没有讲到诗的歧义问题。跟西方结构主义语言学下开无数诗学、叙事学、符号研究法门之风景相比，我们始于语言而亦终于语言，实在显得局束寒伧。纵或后来汤廷池先生等人做"国语"变形语法研究，这种现象亦无根本之改变。

类似的情形，我也在哲学研究方面看到。众所周知，西方哲学史可分成三个阶段：古希腊时期，哲学以形上学为主，旨在探索存在的来源、现象背后的本质；近代哲学，从笛卡儿开始，哲学转向认识论，从研究世界的本体或形上来源，转向探讨人的认识来自经验抑或理性、认识之方法与途径、认识之限度等；现代哲学，则号称"语言学的转向"，认为哲学上的许多争论，其实仅是语言与语意的问题。从维特根斯坦将哲学最主要的工作界定为对语言进行逻辑分析以来，弗格雷、罗素由语言形式分析形成逻辑实证主义，并发展成英美分析哲学。摩尔及后期的维特根斯坦则为日常语言学派，亦属英美语言哲学之重要部分。欧陆语言哲学则可分成三条路线发展，一是由现象学、存在主义发展；二是由古典解释学、哲学解释学到批判诠释学；三就是前面谈过的，从普通语言学、结构语言学、结构主义，到后结构主义这条路，这条路既是语言学的发展，同时也是当代哲学中的重要一支。这几条路线，非常有趣的地方在于因专注语言研究，故对语言中最精最美的文学、语言艺术，也就多所着墨，故均与文学批评关系密切。其与仅进行日常语言分析或致力发展科学语言的英美分析哲学颇不相同。在现象学方面，因加尔登（Roman Ingarden）有《文学艺术作品的认识》《艺术本体论研究》等，梅洛·庞蒂（Maurice Merleau-Ponty）有《眼睛与心灵》等，杜夫海纳（Mikel Dufrenne）有《审美经验现象学》等，对文学与美学，贡献卓著。晚期海德格尔的哲学研究更是越来越偏于诗。在诠释学方面，早期圣经解释学，是类似我国经学笺、注训诂之类工作，其方法也与汉学方法颇有相通相似之处，狄尔泰以后，逐渐用之于历史学，作为历史诠释之方法，形成历史主义。伽达默尔之后，就文学与美学的研究越来越多，如他《美学与解释学》《短篇论文集》

《美的现实性》诸书，赫希《解释的有效性》等都是。这个现象，呼应了我们在语言学领域中曾经观察到的想法，在当代学术发展史上，语言学、哲学、文学乃是完全关联在一块儿的。

五、语言新声

我们在语言学领域观察到的另一个状况，是语言学不仅与文学、哲学等相关联，且语言被置于核心地位，语言研究成为所有研究的基础。在哲学中亦是如此。胡塞尔试图建立一种纯粹的逻辑语法，以语言符号和语言表达方式为主要研究对象，探讨对一切语言都适用的那些共性问题。他说："语言问题无疑属于建立纯粹逻辑学之必不可少的哲学准备工作。"梅洛·庞蒂则把现象学看成一种关于语言的一般理论，认为语言问题比所有其他问题能使我们更好地探讨现象学。海德格尔更强调语言，他认为语言并非仅仅是一种用以交流思想的工具，而是存在的住所。伽达默尔在他的哲学解释学中谓语言是理解的普遍媒介，诠释学现象本身就是语言现象，对语言的理解是哲学诠释学的基础。他说："语言问题是哲学思考的中心问题。"又说："语言就是我们存在于其中的世界起作用的基本方式，是世界构成的无所不包的形式。"面对现代西方哲学的发展，我们的情况实在令人不敢乐观。

台湾哲学学者之中，受逻辑实证论的影响，走英美分析哲学之路者，固然占一大支，但仅是顺着罗素、卡纳普、石里克、塔尔斯基、奎因、皮尔士的东西讲。接引欧陆学风者，也以介绍、消化、整理其说为主。在语言理论或语言哲学上，其实并无太多自己的见解，也极少专力于语言哲学者。

研究中国哲学的人，以新士林学派和新儒家学派为两大阵营，故形上学、伦理学仍为其主要内容。在新儒家方面，因牟宗三先生之缘故，新儒家也做一部分逻辑和语言哲学研究，如冯耀明、岑溢成等均是。但并无一人能再像牟先生译述维特根斯坦，撰写《认识心之批判》那样，深入语言哲学之研究。而即使是牟先生，他讲中国哲学时，也仅将他对语言与逻辑之研究所得，施之于先秦名家墨家和荀子而已。其意盖谓西方逻辑之类心灵与学问，中国固亦有之，名墨、荀子等，即"一系相承之逻辑心灵之发展"；只不过后来中国不朝此走，儒道释三教均别有所重罢了。这种态度，当然使得讲中国哲学、中国哲学史，除了谈先秦名墨荀一段和六朝隋唐佛教思想那一段时，会涉及部分语言哲学外，几乎对此绝不涉及。对于清代汉学，牟先生及其后学，大抵将之排除在哲学领域外。劳思光《中国哲学史》虽略述其事，但主要是对它的批评。新儒家中，徐复观先生最能深入汉学领域去反清儒之所谓汉学，又译有日人中村元的《中国人之思维方法》，本来很有希望能由汉学的文字音韵训诂之中，发现汉语与中国人思维特点上的关联，进而有所申论。可惜徐先生之汉学考证本领，局限于文献比对与解读，在语言文字方面并无钻研，故亦无法致力于此。其他哲学系出身的学者，大抵缺乏中国语文相关知识之训练，自然就更谈不上要如何从事这样的研究了。如何兼摄中西方语言文字之学，而在思维和存在方式上打开一个新空间，看来还是我们这个时代的艰巨课题。

西方正典

一、经典教育的实践

在我们中国，介绍西学的人，大抵只注意人家一些新东西；觉得西方总是求新求变，新观念、新理论，不断推陈出新。

殊不知西方传统之坚韧，初不因现代化而瓦解。反而是在面临科学主义、商业化、数量化、功利取向时，不断有人伸张人文主义传统，力图矫正之。而一些著名的大学，就在此扮演了中流砥柱的角色，不断呼吁人们应该回去细读古典。

其中，20世纪美国持人文主义教育观者，国人较熟悉的是哈佛大学之白璧德，因为吴宓和梁实秋都大力介绍过他。

但白璧德并非孤军奋战。在他之前，19世纪有托马斯·

阿诺德（Thomas Arnold）、梅修·阿诺德（Mathew Arnold）、纽曼等人，主张大学教育旨在培养绅士。20 世纪，白璧德稍前，有艾略特一类人；后则有萨顿（George Sarton）、赫钦斯（Robert Maynard Hutchins）等人依然倡导推动人文教育，且影响深远。

萨顿乃科学史家，其说亦号称新人文主义，但目的在实现科学的人文化。其认为科学固然重要，但我人应注重科学的人文意涵，让科学重新与人文联系在一起，从而形成一种建立在人性化科学上的新文化。他称此为新人文主义。

赫钦斯主持的芝加哥大学则主张发展理性、培养人性是教育永恒不变的目标，大学就是针对此一目标，促使学生理性及道德能力充分发展健全而设的。

为达此教育之永恒目标，赫钦斯建议设立一套永恒学科。谓此学科"绸绎出我们人性的共同因素，因为它使人与人联系起来，使我们和人类曾经想过的最美好事物联系起来，并因为它对于任何进一步的研究，和对世界的任何理解都是重要的"。

此学科由两大类科目构成，一类是与古典语言和文学有关的学科，学习之途径就是阅读古典著作；另一类，可称为"智性课程"，主要包括文法、修辞、逻辑、数学等具有永恒性内容的学科。这些学科，不但配合永恒的教育目标，也与那些因时代需要而设的应世谐俗学科不同。那些学科常随时代需要而枯荣，当令时，至为热门；过时了，就毫无价值。

赫钦斯是美国学术界的奇才，三十岁就担任芝加哥大学校长，名震一时。他在1951年编成了一部大书，足以与《哈佛经典丛书》后先辉映，叫《西方经典》（*Great Books of the Western World*），次年出版。

书凡五十四卷，第一卷导言，第二、三卷是索引，其余五十一卷便是经典文本。包括七十四位作者，作品四百四十三种。跟我们的《四库全书》相似，它也用封面颜色来分类，文学类黄色；历史、政治、经济、法律类蓝色；天文、物理、生物、化学、心理类绿色；哲学、宗教类红色。但所选很多作品其实不定属哪一类，故这也只是大略分之而已。所收全是1900年以前的书。

这一大套书，期望中的读者是大学生或具大学程度的人。当然，经典越早读越好，可以及早受用。但他并不希望大家囫囵吞枣地读，他希望读者能按次序，一本一本读下去。如果自己无法有效地读，那么，他又替大家拟了一个阅读计划，特意编了十本导读书，让大家每年根据一本导读去阅读那些经典，要读原文，一年一本，刚好十年读完。每本导读，内分十五课，以第一册为例：

一、柏拉图《自白》及《克利图》。

二、柏拉图《共和国》卷一、卷二。

三、莎孚克利斯《哀地婆斯王》及《安提宫屋》。

四、亚里士多德《伦理学》卷一。

五、亚里士多德《政治学》卷一。

六、普鲁塔克《希腊罗马名人传》四篇。

七、《圣经·旧约》的《约伯记》。

八、奥古斯丁《忏悔录》卷一至卷八。

九、蒙田《论文集》六篇。

十、莎士比亚《哈姆雷特》。

十一、洛克《政府论》第二篇。

十二、斯威夫特《格列佛游记》。

十三、吉本《罗马帝国衰亡史》第十五、十六章。

十四、美国《独立宣言》《宪法》及《联邦论集》。

十五、马克思、恩格斯《共产党宣言》。

以上所举每一本书，都说明卷次与页数，从容带领读者优游于经典之中。导读着重指出古代思想和现代的关系，尤具启发性。而且真是导读，不是灌输或教训，表现了赫钦斯所强调的"自由教育"之精神。另外，不知你注意到没有：它第一课是从柏拉图开始的。其实他每一册的第一课都从柏拉图开始。西方人本来就有一切哲学都是柏拉图的脚注之说，本编亦是此意。一切回到柏拉图，也就是一切皆从源头上去找答案，由古人的智慧中探索真理的可能。

导读之外，第二、三卷的索引也十分有价值。它把西方文化的基本思想分列为一百零二项，其下又胪列为两千九百八十七个题目，读者若想知道西方对某一个问题有何主张，利用这个索引，可以一索即得。编这样的索引，不唯嘉惠读者，更可以显示编者的功力。从前梁实秋先生就很推崇他这套书，认为："与其读所谓的'畅销书'，不如读这一部典籍。"

哈佛、芝加哥经典丛书及其教育理念（包括与之相配合的课程设计），在美国可谓典范。其他学校没有如此大规模的编辑项目，但也不是没有类似的做法，只是规模可能略小些罢了。例如《莎士比亚全集》，旧版最著名的是剑桥大学编的，九大册，1863年开始刊行，1867年第二版，1893年第三版。牛津大学也有另一个版本。1921年开始剑桥则又推出新版三十九册，出到1966年才出齐，长达四十五年，慢工细活，极为矜审。美国耶鲁大学所编则为四十册本，为在美国通行之版本。其他投入古代经典整理的项目极多，就不一一介绍了。

二、阅读经典的批判性

近年后现代、多元文化、后殖民、女性主义等理论甚嚣尘上，同样引起了批判。十年前曾任哈佛讲座教授的布鲁姆（Harold Bloom）出版的《西方正典》（*The Western Canon*），即为其中一例。

首先，此公在该书中选了贵族制时期的莎士比亚、但丁、乔赛、塞万提斯、蒙田、莫里哀、弥尔顿、约翰生博士、歌德；民主制时期的华兹华斯、珍·奥斯汀、惠特曼、狄金森、狄更斯、普鲁斯特、乔伊斯、吴尔芙、卡夫卡、波赫士、聂鲁达、裴索等二十六家之作，谓其为西方文化中之"正典"（the Canonical），认为现今我们对语言比喻之驾驭、原创性、认知力、知识、词汇均来自它们。

其次是：他不仅力陈经典的价值，更把矛头伸向正流行当令的女性主义、马克思主义、拉冈学派、新历史主义、符号学、多元文化论等，合称为憎恨学派（School of Resentment），谓此类人憎恨正典之地位及其代表之价值，故欲推翻之，以便遂行其社会改造计划。打着创造社会和谐、打破历史不公之名义，将所有美学标准与大多数知识标准都抛了。可是被他们另外揭举出来的，也并不见得就是女性、非裔、拉丁美裔、亚裔中最优秀的作家；其本领只不过是培养一种憎恨的情绪，俾便打造其身份认同感而已。此等言论，逆转了攻守位置，让一向善于借着批判传统、颠覆这颠覆那以获得名位者有些错愕。

这些学派自然也立刻反唇相讥，说布鲁姆所称道的正典，只是欧洲男性白人认可的东西，甚且只是英美文化中惯例认可者，并不适用于女性、多元文化者或亚裔、非裔。

但此类反击，除了再一次诉诸身份、阶级意识形态之外，毕竟没有说出：为什么正典必须扩充或改造？其美感价值与认知，为什么不值得再珍惜？

因为此类文论家原本就不太读也不能读原典，文本分析恰好就是他们的弱点；舍却文学的艺术价值不谈，正是其习惯。如此而欲反抗正典说，岂非妄谈？读者根本不晓得何以必须放弃莎士比亚而偏要去读一些烂作品，只因它是女人或黑人写的，或据说其中有反帝反封建抗议精神？过去，读者基于道德感、正义感，以社会意义替代了审美判断，跟着此类文论家摇旗呐喊，如今一经戳破，乃始恍然。故"憎根学派"之反驳，非特未将布鲁姆消灭，反而令质疑文化研究者越来越多。

当然，此亦由于布鲁姆立说善巧。以往，倡言读经者，辄采精粹论立场，不是说经典为文化之核心精粹，就是说经典之价值观可放诸四海、质诸百代，乃万古之常经，今世之权衡云云。布鲁姆却不如此。

他本以《影响的焦虑》一书饮誉学林，论正典亦采此说。谓经典之所以为经典，自然是因它们影响深远，但所谓影响，并非只是后人信仰它、钦服它、效法它、依循它，而是后代在面对经典之巨大影响时存在着严重的焦虑，故借由反抗、嫉妒、压抑去"误读"经典，对它修正、漠视、否定、依赖或崇拜，这些创造性的矫正，也是影响下的表现，因此后代纵或修正或摆脱经典，仍可以看出经典的价值与作用。

同时，正典亦因是在影响的焦虑中形成的，所以它们都是在相互且持续竞争中存留下来的，文本相互激荡，读者视野不断调整，正典本质上就永远不是封闭的，一直是互为正典（the "Inter Canonical"）。简单说，反对经典，正是因为经典重要、影响大。而反对者对经典之误读或创造性矫正，又扩大了它的影响、丰富了它的意涵，故经典永不封闭。

由这样动态的关系去看经典，才可以避免反对者所持的各种理由，什么古典不适今用、何须贵古贱今、经典只代表着一阶层之观念与价值、文艺贵乎创新等。

但不论布鲁姆或艾略特，任何提倡读经典的人，也都无法说服那些反对的朋友。盖此非口舌所能争。经典的意义固然永不封闭，但它得有人去读，其意义是由阅读生出来的。倘若士不悦学，大家都不爱阅读，视阅读为畏途或鄙视之，仅以谈作者身份、肤色、阶级、国别为乐；或废书不观，徒逞游谈，则正典之生命便将告终。

而现在的学府正是这般可能埋葬经典的地方。学者要著书立说、要升职、要申请项目经费，自须别出心裁，立异以鸣高。今日创一新派，明日成一理论，方为此中生存之需，乖乖读点正经正典，既无暇为之、不屑为之，亦无力为之。

如今大学讲堂中，高谈多元文化、女性主义、后殖民、拉冈、福柯者，车载斗量。可是能好好阅读讲说如莎士比亚、塞万提斯、弥尔顿、狄更斯的，却着实稀罕。博士硕士们，找些理论、看点论文、上网抓点资料，手脚倒也勤快，作品可没读过多少，更莫说那些不厌百回读的经典了。对于这些人、这样的机构来说，提倡读经，其实就是要求改造学术伦理，重新界定所谓的学术价值到底是什么。

三、在中国读经典

可是，阅读经典的这种批判性，恐怕更应该施于中国。

不是吗？美国本有阅读且悦读经典的传统，已如上述。主流大学带头做起，校长本身就是古代经典的大行家，校内重要学者则著书立说以昌明读经典的重要性，课程设计更是围绕这个精神而展开（影响台湾通识教育极大的哈佛"核心课程"与芝加哥"经典教育"，便是其中之一环）。因此其学府虽也有应世谐俗的部分，但其世俗化、功利化，哪有中国这么严重？中国有这样的大学、这样的校长、这样的经典丛书、这样的课程吗？

目前我们的大学，有白璧德、赫钦斯、布鲁姆等人所批评的一切毛病，而且变本加厉。故他们所说之所有经典该读的理由，我们都适用，抑且比人家还要迫切，还应更加紧地读。

然而，我们想读经典却也不易。梁实秋先生在介绍赫钦斯编的《西方经典》时，即曾感叹东方人也有东方的经典，而期待我们也能参照他们的书，编出一套《东方经典》来，并希望中文版之外还有英文版。

但我们都知道：目前我们可是什么也没有呀！

没有书，也没有读者。个别的人喜欢找点古书看，当然也是有的，但我说的是我们缺少经典的读者社会。社会不支持读古书，读经典的人也构不成普遍的社会群体。大家看手机、聊八卦、读畅销书、做明星起居注、打听时尚报道、读考过试以后就扔进字纸篓的教科书、看一切无聊图文垃圾、上网聊天，可就是不读经典。

想要读古书的人，则总是会碰到庞大的压力，问你为何要读、读了有什么用、现代人何必钟情老古董、古书里面有毒素怎么办、经典为何只能是古籍、那些东西跟我的专业有何关系、对我们未来事业能有什么帮助，等等。

他要自己先说服自己，跟这些乱七八糟的问题纠缠一通，找出一个勉强自己去读读看的理由。然后再一一应付别人对你居然读经的询问和没完没了的质疑。身心俱困，口燥唇焦，经典还没读呢，什么兴致全没了！

当代大学生尤其不是经典的读者群。能考上大学，本身就是读教学参考书高手的明证。读那些东西把时间都占满了，故通常没机会读其他的书；读教科书把脑子读坏了，于是也不再能读什么经典；受限于专业体制，更不会去读与专业无关的韩文、杜诗、孔孟、老庄、《金刚经》、《红楼梦》。

因此我们莫说比不上哈佛、芝加哥，对早年提倡人文精神的吴宓等前辈，亦当有愧。

其实那时的大学生，无论南北，都具有远比现今通博的精神，不为专业体制所限。

傅斯年在北大读国学，去英国却读心理学，然后到德国再从文科读起，但地质、蒙学、藏学、相对论，什么都学。

赵元任留美，先学数学，再转哲学，获博士后再转研究语言。

金岳霖去美国，先是学商，转学政治，得了博士后，又去英国学哲学，回国替赵元任教逻辑课，才最后为逻辑名家。

闻一多在美国本来学美术，后来则以文学家著称。

马寅初，在哥伦比亚大学以研究纽约市财政获博士，后来则以人口学闻名。

看来专业云云，对他们只如笑谈，根本视若无物。就是博士学位，也不看在眼里。闻一多、陈寅恪、梅光迪、陈衡哲、梅贻琦、任鸿隽等，都不是博士，吴宓也不是。难道凭陈寅恪、梅贻琦这些人的学问，还拿不到学位吗？当然不是。他们根本不把学位当一回事。就像鲁迅兄弟在日本读书多年，从来也没想要拿个学位一样。

读书、做学问，就是读书做学问。读书不是工具，学位不是目的，什么专业更是无关紧要。《论语》曰"君子不器"，又曰"学而时习之，不亦乐乎"，此之谓也！古人的智慧，即体现在他们的具体生活中。这类事例，不知还能给现在的大学生一些启示吗？

读书是一种诡异的交互

圈、点、评、识，是中国传统读书法。圈有大圈小圈，主要是标示句读的，其次用以注明精彩处、关键处，读到击节赞赏处，不禁密密加圈。点，也有句读功能和提示功能。评则是读者对所读书的评论、解说。识，是标明、识破、志记的作用。

此法古来即有，宋代以后大盛。因印刷术流行，书商也常敦请名家评点经史诗文来卖，这种读书法遂又更是普及了。

后来小说戏曲也仿这种方式流通，李卓吾、金圣叹之评本，几于家喻户晓。

现代人与这种读书法区隔了，所以除了金圣叹评《水浒传》、脂砚斋评《红楼梦》等三两本之外，几乎不知其他。我这篇文章，就是要稍作普及，介绍介绍相关常识：

评点除了评，还有圈点批抹。《四库提要》谓抹笔起于北宋，乃北宋人读书之习惯；而圈点之法则兴于南宋："宋人读书，于切要处率以笔抹。故《朱子语类》论读书法云：'先以某色笔抹出，再以某色笔抹出。'吕祖谦《古文关键》、楼昉《迂斋评注古文》，亦皆用抹，其明例也。谢枋得《文章轨范》、方回《瀛奎律髓》、罗椅《放翁诗选》始稍稍具圈点，是盛于南宋矣。"

宋人之圈点记号法，于文章精神筋骨切要处，抹笔、圈点，开卷了然，对读者很方便，因此不断发展衍生，形成各式繁简不一之记号体系。

元朝程端礼《程氏家塾读书分年日程》据馆阁及黄勉斋点经法，参考谢枋得批点法（称为迭山法），发展成更精密的批点记号法，称为"广迭山法"——包括画截、侧抹、中抹、侧圈、侧点、正大圈、正大点等七种符号及黑、红、青、黄四种颜色，组合成十六种记号。

明朝散文大家归有光用五色圈点《史记》，号为古文秘传，当源于此。清章学诚曾叙述他见到归有光五色圈点法时的情境曰：

> 见《史记》录本，取观之，乃用五色圈点，各为段落。反复审之，不解所谓。……其书云出前明归震川氏。五色标识，各为义例，不相混乱。若者为全篇结构，若者为逐段精彩，若者为意度波澜，若者为精神气魄，以例分类，便于拳服揣摩，号为古文秘传。前辈言古文者

所为，珍重授受，而不轻以示人者也。

归有光评点《史记》在明清两朝影响之大，可见一斑。它的记号，包括：

> 《史记》起头处来得勇猛者，圈；缓些者，点。然须见得不得不圈、不得不点处，乃得。黄圈点者，人难晓；朱圈点者，人易晓。朱圈点处，总是意句与叙事好处；黄圈点处，总是气脉。亦有转折处用黄圈，而事乃联下去者。墨掷是背理处、青掷是不好要紧处、朱掷是好要紧处、黄掷是一篇要紧处。

沈国元《廿一史论赞》三十六卷，摘录二十一史论赞，圈点评识；吴宏基《史拾载补》，取《史记》八书及列传十一篇，圈点附笺注评语，均与归氏相似。乃是以文学手眼处理一切文献，发掘其文学性。而这样的作风，起于宋朝，大成于明代中叶。

着重于阐发文本的文学性，如宋刘辰翁的《班马异同评》三十五卷即是。此书到底是倪思作、刘辰翁评，抑或刘氏自作，本来就有疑义；所评，据四库馆臣看，是既非论文，又非论古，未免两无所取。可是《四库提要》又说此书"据文义以评得失"，且说刘氏"点论古书，尤好为纤诡新颖之词，实于数百年前预开明末竟陵之派"，则显然仍是论文

217

之意多些，且为晚明风气之渊源。

明人所作，如茅坤《史记钞》六十五卷、穆文熙《四史鸿裁》四十卷、杨以任《读史集》四卷、沈国元《廿一史论赞》三十六卷、张毓睿《三国史瑜》八卷、吴宏基《史拾载补》、利瓦伊桢《史通评释》二十卷等也都是如此。

《四库全书》收录这些书时都有点不甘愿似的，不是说它们以批点时文之法评史书，就说其评语多取钟惺之说，或指责其评语词多佻纤。情况跟他们指责那些用文学批评方式评点经书的著作相同，乃其偏见，但恰好可以见出此类史评与一般史学观点的著作取径不一，是种文学性的解读。

其法主要分为评点、文话、体则文格三种。评点之书，批评意见记载于所批评文章之前后、行间或书眉，而文章编排多半以时代或文体为序，如《古文关键》。文话则是独立的，但为了精确说明所批评之文句，往往引述原文，如《文则》。体则文格之批评，是归纳文章作法，分为体格数类，除说明各类文格特色及意涵外，并详举文章为例，因此编排多依体则之序，如《文章指南》即是。然而这三类只是形式不同，其批评方法互通。评点之书，若将其批评文字另文抄录，不异文话；评点文字亦不乏关于文格者。

体则文格的出现是受诗格诗例之启发，并由宋朝制义论格制之影响而成。吕祖谦《古文关键》曰："为文之妙在叙事状情、笔健而不粗、意深而不晦、句新而不怪、语新而不狂、常中有变、正中有奇、题常则意新……"共四十六格，并谓"以上格制详具于下卷篇中"。

其后魏天应《论学绳尺》由举业文章归纳出若干原则为"格"。书十卷，甲集十二首，乙集至癸集俱十六首，每两首立为一格，共七十八格。每题先标出处，次举立说大意，而缀以评语。七十八格者划分极细，单说题目即有立说贯题格、立说尊题格、指切要字格、指题要字格、就题摘字格、就题生意格、就题发明格、顺题发明格、驳难本题格等。此书夹评注释具备，与《文章轨范》形制相近，而严整过之。这种做法影响深远，号称是归有光的《文章指南》即称文格为"体则"，分为六十六种体则。

这类著作都是要仔细讨论文法的。吕祖谦《古文关键》卷首有导论《总论文法》，分为看文法、作文法、文字病三部分。《总论看文字法》曰："学文须熟看韩、柳、欧、苏，先见文字体式，然后遍考古人用意下句处。苏文当用其意，若用其文，恐易厌人，盖近世多读故也。"其程序则是："第一看大概主张。第二看文势规模。第三看纲目关键：如何是主意首尾相应，如何是一篇铺叙次第，如何是抑扬开合处。第四看警策句法：如何是一篇警策，如何是下句下字有力处，如何是起头换头佳处，如何是缴结有力处，如何是融化屈折、剪截有力处，如何是实体贴题目处。"其后再具体分看各家文法。《论作文法》则曰："文字一篇之中，须有数行齐整处，须有数行不齐整处。或缓，或急，或显，或晦，缓急显晦相间，使人不知其为缓急显晦，常使经纬相通，有一脉过接乎其间，然后可。盖有形者纲目，无形者血脉也。"

吕祖谦与陈骙同时，《古文关键》与《文则》的出现，代表细部批评的主要形式已然建立，选本及文话两种批评法皆已成形。

此种批评的发展当然跟朝廷的经义取士有关。王守仁《文章轨范序》曰："宋谢枋得氏取古文之有资于场屋者，自汉迄宋凡六十有九篇，标揭其篇章句字之法，名之曰《文章轨范》。盖古文之奥不止于是，是独为举业者设耳。"讲得不错。古文与举业时文，宋朝就已在讲究文法这一点上相一致了。归有光等人"始能以古文为时文"的新作风，其实只是往上接续了这个老渊源罢了。

但《文章轨范》还不是最早的，更早的是魏天应《论学绳尺》。此书书首《论学绳尺论诀》一卷，含《诸先辈论行文法》、《止斋陈傅良云》、福唐李先生《论家指要》、欧阳起鸣《论评》、林图南《论行文法》等。《止斋陈傅良云》节录陈傅良论文之法，包括认题、立意、造语、破题、原题、讲题、使证、结尾诸段。

据《四库提要》说："傅良讲学城南茶院时，以科举旧学，人无异辞，于是芟除宿说，标发新颖，学者翕然从之。此论五卷，盖即为应举而作也。首列《作论要诀》八章，中分四书、诸子、通鉴、君臣、时务五门，凡为论九十二篇。"《论学绳尺》当即节录自此书。

《林图南论行文法》则先列出"有抑扬、有缓急、有死生、有施报、有去来、有冷艳、有起伏、有轻清、有厚重"等项，再分别论扬文、抑文、急文、缓文、死文、生文、报施文、折腰体、蜂腰体、掉头体、单头体、双关体、三扇体、征雁不成行体、鹤膝体等。

以上各家所论文法，均被明人吸收。归有光《文章指南》之批评语，即多与上述各书相同。该书以体则为架构，分缀古文，其体制亦有所本。书首附《归震川先生总论看文字法》，内容大抵掺录《古文关键》之《总论文法》。文内体则之名目与说明，往往与《古文关键》《文章轨范》《论学绳尺》相近。如"立论正大则"曰：

> 凡学者作文，须要议论正大，有台阁气象方佳。如方逊志《释统》举秦晋隋而并黜之，议论何等正大。场中有此等文字，主司自当刮目。

可见此书既论古文，亦为举业而作，其中各笔法之理论解说及示例，系镕铸各家文格而成，于细部批评发展上意义深远。

当时另一位大匠唐顺之，所作《文编》取由周迄宋之文，分体排纂，举文格六十九，大体亦是如此。他认为虽然汉以前与唐以后之文的文法表现并不相同，但是文必有法：

> 汉以前之文，未尝无法，而未尝有法，法寓于无法

之中，故其为法也，密而不可窥。唐与近代之文不能无法，而能毫厘不失乎法，以有法为法，故其为法也，严而不可犯。密则疑于无所谓法，严则疑于有法而可窥。然而文之必有法，出乎自然而不可易者，则不异也。且夫不能有法，而何以议于无法？有人焉，见夫汉以前之文，疑于无法，而以为果无法也，于是率然而出之，决裂以为体，饾饤以为词，尽去自古以来开阖、首尾、经纬、错综之法，而别为一种臃肿、佶涩、浮荡之文。

文必有法，文法即《文则》以来学者所努力阐明的法则或条例。唐顺之以《文编》为掌握文法的最佳途径。《文编序》曰：

欧阳子述杨子云之言曰："断木为棋，梡革为鞠，莫不有法，而况于书乎？"然则不况于文乎？以为神明乎吾心而止矣，则三二之画亦赘矣。然而画非赘也，神明之用所不得已也。画非赘，则所谓一与言为二，二与一为三，自兹以往，巧历不能尽，而文不可胜穷矣。文而至于不可胜穷，其亦有不得已而然者乎？然则不能无文，而文不能无法。是编者，文之工匠，而法之至也。圣人以神明而达之于文，文士研精于文，以窥神明之奥；其窥之也，有偏有全，有小有大，有驳有醇，而皆有得也，而神明未尝不在焉。所谓法者，神明之变化也。《易》曰："刚柔交错，天文也。文明以止，人文也。"学者观之，可以知所谓法也。

他反复说明文必有法，学者观《文编》即可知文法。这是说明编纂《文编》的用意，然后他更进一步讨论文法的作用。他引庄子"一与言为二，二与一为三"之文，说明"神明"与"文""文法"三者之关系。谓文章所欲表达的内容本来无形，以文字写出即为有形，检视与说明文字与内容间之关系则为文法，若再说明文法与文章的关系，即可无穷尽地发展下去。评点者之批评可以是第一个"三"，说明"一"（内容）与"二"（文字）的关系；或是第二个"三"，对"一"与"二"的关系提出另一种说法；亦可以是第一个"四"，说明第一个"一""二"及"三"。以此类推，以至无穷。因为评点不是定论，任何第二人对此评点的意见，可以建构自己的"三"（即文法），或成为"四"（即评论前人之评点）。评点的特点是所有评点者不仅可以评点文章，亦可评点前人之评点。当很多人均评点同一文章时，则只是"很多个三"同时出现，一旦批评及其他人之评点（当然亦可能是自己以往之评点），则出现"四"。而这种评点再评点的众声喧哗情况，也正是明清细部批评的特点。

另一位大家茅坤主张"以古调行今文"，谓熟读古文有益于举业。其选编之《唐宋八大家文钞》，影响亦极大。《明史》曰："坤善古文，最心折唐顺之。顺之喜唐宋诸大家文，所著文编，唐宋人自韩、柳、欧、三苏、曾、王八家外，无所取，故坤选《八大家文钞》。其书盛行海内，乡里小生无不知茅鹿门者。鹿门，坤别号也。"此书流传广远，《四库提要》谓"一二百年来，家弦户诵"，可见影响之深。

为什么有时读批注更胜原著？

现在一说到评点，大家就说：喔，知道，小说评点，金圣叹。还有些人知道脂砚斋评《红楼梦》等，另有些人晓得戏曲也有评点。

其实，评点批评是一种宋朝开始流行的读书法，应用于经史子集各种书上，明清才渐渐用到小说戏曲的读法上。这是为了推广小说戏曲，表示也可以像读正经书那样去读它们。

评点小说戏曲的方法与观点，当然也是从评点其他书那里借来。例如清朝金圣叹以《庄子》、《离骚》、《史记》、杜诗、《水浒传》、《西厢记》为"六才子书"，评最后两本之手眼当然即是评点前面四本的延伸。

可惜现在凡事都颠倒了，大家只知小说戏曲有评点，却对经史子集之评点非常陌生。有时我问起一些文学博士，竟都毫无所知呢！

一、细部批评之评点

因只知小说戏曲之评点，所以对之也有不少研究，算是古典文学研究界一个小热区。

但我以为现在研究还很粗浅。一种是介绍李卓吾、金圣叹、毛宗岗、张竹坡、脂砚斋、王希廉、大某山民等各个评书人。一种是归纳他们评点中讲的"草蛇灰线"等法，以说作品结构。一种是由评点提供的线索去窥测作品隐衷。另一种则是类比于西方新批评，希望能将评点确定为一种明确的文学批评方法。

新批评或形构批评法（Formalist Criticism）是用细密剖析的方法，讲明诗中美如何形成，与评点确实比较相似。因为中国传统的文学批评，如诗话词话，感觉只是印象式的批评，停留在直觉层面和对作家传记的了解。评点则是从作品本身出发，全力以赴地对作品本身做最精确的分析与阐释，所以反而比诗话词话更受现代人青睐。

当然这种推崇评点的观点，也是颠倒之见。古人不看重评点，原因主要是太普遍了，小孩子入学读书，用的就是这套方法，而且童塾所习，也只是这套方法最粗浅的应用。有些人一辈子没脱离这个层次，如金圣叹这样，当然就会被人嘲笑（由于文人本来瞧不上小说戏曲，很少置喙，故其评点《水浒传》《西厢记》，大家觉得有趣；可是他评点《庄子》、唐诗、《史记》、杜诗，招来的就只有骂）。

在金圣叹那个时代，作家都是要超越评点所说"总挈、横截、补黜、离合、错综、转法、结法、逆摄、突起、倒挽、草蛇灰线、烘云托月"各种写法的；只有刚由私塾中出来的考生才用这套方法来写八股文应试。所以当时人看评点，特别会因它与八股文手眼相似，而感到俗陋可厌。

我觉得，传统上对评点，不免觉得它简易而看得太低；现代人又不懂而推尊太过，都不恰当。因此我曾建议把它称为"细部批评"。

这是中国人讨论文学作品时的一种方法，在宋朝逐渐定型，经过明朝的推衍，至清即成为普遍的讨论文学的方法。这种方法，多用在实际批评上；并不空谈原则，而常常是借实例以带引出一些写作和阅读的原则，而且对于作品的文辞之美，可以在字里行间细细评解。这种评解，当然最常见的形式是评点，但由于它并不限于评点，评点亦未必尽属此种，因此这种细部批评，自有渊源与批评理则，既非八股所能范限，与形构批评亦大有差异，在在仍值得我们做点深入的了解。

近年国学热，各地私塾书院、电视台推广读古书、古诗文，只知背诵、只知朗读、只知吟唱，而根本不知读诗文的基本方法，则是可笑的，尚未入门呢！所以底下我稍稍说明其理则。

二、法的讲求与文学美的发现

这些细部批评，数量既多、门类又杂，兼及经史子集、诗文小说戏曲，彼此之间并不容易找到统一的原则，但相对于诗话词话，却不难看出它的一般特性。

通常诗话均以随笔形式，记录有关诗的本事、相关掌故，并摘佳句，略作评骘，所谓"集以资闲谈"，属于文人之间的对话交谈。因为是谈话言说性质，通常诗话都以简短零散的一小则文字展现，表达交谈过程的机锋与趣味，我方宣旨，彼已会心，片言抉要，说诗解颐。

细部批评则不然，它不是文人间的对话交谈，而是执定书本，逐句分剖。不谈掌故、不论本事、不述闻见，只探讨文章之美。所以态度上较为专注，语不旁涉，是一种文学上的讲说经义，而不是语录对谈。

其次，它致力于挖掘一篇文章的美感要素，用圈、点、批、注、画线等方法，详论文章的各种优缺点；诗话则通常无此耐心，只以寥寥数语总结全文大旨及整体审美判断便罢。而且，此种批评往往关心到文章的细部，如恽敬《答姚来卿书》举《史记·李将军列传》"匈奴惊，上山阵"的"山"字详加讨论，并说："此小处看文法也。"梁章钜也提到桑调元有《评选明人制义》二十篇，"大抵皆评语极繁，笔舌互用，一字一句，无不抽阐，每多至数百言，颇能使读者心开而目明"。这样的讨论，确实是一般诗话词话中不易见的。

也正因为如此，它便很难注意大的原理原则问题，如诗话中所经常讨论的"诗言志""正变""作诗文宜读书养气"等，而偏重实际批评及较属于技术性的问题，善于识小——虽然由小亦可见大。

不仅如此，此种批评虽绵亘于宋元明清诸朝，时间甚长，著作亦多，每人手眼之差异更大。但在进行批评时，似已隐隐然形成了一些共同的法则，有个基本批评架构可寻；不似诗话词话，言人人殊，无法找出大家在进行批评时所持以讨论的基本法式。

例如无论是否出之于评点的方式，都会注意一篇文章的命名，努力地去释题；都会注意到文章的段落区分，各段大旨；都要讨论全篇的结构关系及每处字词的使用；并常用主客、本末、明暗、虚实、开合等概念进行评析，对文章的布局与创作手法，也常以"草蛇灰线""烘云托月"之类喻况来描述等。

诗词话的作者一般不仅不如此讨论，且常对这种批评法颇有微词——或目之为庸陋，只会注意细节，无当大体，无高情远韵；或谓其过于注重"法"的机械性；或诋之为兔园册子、时文讲章。其实这些攻击都只能说明细部批评与诗文评话之间确有若干差异，而不能遽以作为评价的依据，其批评仍有其特色与价值在。

它的特点，就在于它最关切的是"法"的问题，对文学最基本的看法是文者"名号虽殊，而其积字而为句，积句而为段，积段而为篇，则天下之凡名为文者一也"，所以它致力于分析文章用字造句及分段之法的讨论，认为这就是作者用心之所在，应该用心抉发。

此一用心于文学语言美的态度，跟一般诗文评话强调的"得意忘言"审美品位，似乎也有些差距。

对于这样一种批评方式，我们该怎样来理解章学诚曾形容他的经验：

> 见《史记》录本，取观之，乃用五色圈点……其书云出前明归震川氏。五色标识，各为义例，不相混乱。若者为全篇结构，若者为逐段精彩，若者为意度波澜，若者为精神气魄，以例分类，便于拳服揣摩，号为古文秘传。前辈言古文者所为，珍重授受，而不轻以示人者也。又云："此如五祖传灯，灵素受箓，由此出者，乃是正宗。不由此出，纵有非常著作，释子所讥为'野狐禅'也。"

可见这种批评方式在一般人的阅读及写作中占有相当之地位，可说是明清文学批评的主流。所以章氏才会推崇归有光的制义，犹如汉之司马迁、唐之韩愈，为百世不祧之大宗。但归有光的古文与他的八股制义，奥妙全在他对文法的讲求。

清朝桐城派所谓义法说，就是从这个地方发展出来的，所以与时文的关系颇为紧密；而且直到清末民国，讲古文的林纾及吴汝纶、吴闿生父子等，仍在大谈"文法""笔法"。

整个细部批评，事实上就是集中于文章之绳墨法度的评论。名为义法，实只是法，因为言有序即是言有物，由法见义，因文明道，所以法不可不讲。这种法，其实就是文字的构成关系，故又名为文法、笔法。只管文字表面的表现，不太涉及形上理论、表现理论或社会功能理论等问题。所以姚鼐说它精神不能包括大处远处，包世臣也说它论道仅成门面语。但这就是它的批评理则与重点：借着对文章修辞技法的检讨，发掘文学美。

三、细部批评的法则

"法"的认识，自然是来自归纳。从五经四史及先秦诸子唐宋八大家的文章里，找出若干具有典范意义的文辞表现方式，作为义例，逐渐经营出一个法度严明的世界。

此外则是因文发例，直接就文章来说明各种值得注意的"美典"，而不只是绸绎出抽象的条例法则，供人依循。例如一般总是以凡例总结归纳各种义例与作法读法，而在文本中详就文章来评释其佳处妙处。

这种有关为文法则的说明，有些是明白说出，著为凡例，如说经者说《春秋》；有些时候则不免要借助于譬况，章学诚说过：

> 法度难以空言，则往往取譬以示蒙学。拟于房室，则有所谓间架结构；拟于身体，则有所谓眉目筋节；拟于绘画，则有所谓点睛添毫；拟于形家，则有所谓来龙结穴。随时取譬，然为初学示法，亦自不得不然。

这取譬说法及为初学者示法两点，正是细部批评的特征。请由此谈起：

（一）文为活物

细部批评常用"草蛇灰线""烘云托月"等形容词，来喻说文章的章法句字关系。这种情况，很容易让我们想起自钟嵘以来即已被广为运用的拟象式批评法。

所谓拟象式批评，犹刘勰所云"窥意象而运斤"，是借物象之譬况而构成的批评方式。像鲍照说谢灵运如初发芙蓉，颜延之若铺锦列绣，都属这种。

脂砚斋评《红楼梦》，甲戌本第一回眉批上，即有草蛇灰线、空谷传声、一击两声、明修栈道、暗度陈仓、云龙雾雨、两山对峙、烘云托月、背面敷粉、千皴万染等喻况；第二回眉批上有回风舞雪、倒峡逆波；第四回有云罩峰尖；第六回夹批有横云断山；第八回有偷度金针等。毛宗岗的《读三国志法》也提到了星移斗转、雨覆风翻；横云断岭、横桥锁溪、寒冰破热、凉风扫尘；笙箫夹鼓、琴瑟间钟；添丝补锦、移针匀绣等拟譬，名目繁多。这些拟况，跟钟嵘等人所使用者不同处在于：钟嵘等人是以描述语作评价用，这里则不涉及评价问题。而且钟嵘等人是针对一位作家或一个时代整体风格的审美概括，这里则只重在作品内部的章法句法问题。

此类喻拟，往往与山水画论相通，故其批评也恰好显示了中国文学传统之重视空间性。批评家常把一篇文章看成一"幅"，或视为案头之山水，并以类似游山的方式，去鉴赏途中的花草林木。像曾国藩就曾说过："古文之道，布局须有千岩万壑、重峦复嶂之观，不可一览而尽。"写一篇文章，仿佛在画一幅大画。

正因为如此，故不论是以人体之肌理筋节喻况文章，还是以自然界的山水形象拟譬文章，似乎都把文章看成是个复杂而活动的有机物；且究之难穷，不可一览而尽。所以他们所用作说明的喻词，不只谈大的统一性叙事结构，而更着眼于较细的组织结构。这种"纹理"，是大小片段交织而成的细致关系，而非依直线发展之单一时间前进式的"起、中、结"首尾一贯关联，如西方悲剧传统所主张的那样。

换言之，在细部批评之中，固然常会注意文章的"起、承、转、合"，但也同样切关各段各句、字之间的细致关系。即使单以"起、承、转、合"来说，它所显示的圆形结构观，浑包流转、合而非合（因为若是回到原点的合，转就没有意义），与西方"起、中、结"的直线时间观、统一结构观，实在也是非常强烈的对比。

而那"起承转合"大结构中横云断岭、草蛇灰线、不可一览而尽的层岩叠壑，所显示的文章段落之间，似乎也呈现了一种"每段分束之际，似断不断、似咽非咽、似吞非吞、似吐非吐，古人无限妙境，难于领取。每段张起之际，似承非承、似提非提、似突非突、似纾非纾"的复杂关系。如草蛇灰线，即是似断非断；空谷传声，即是似承非承。文在接而不接、断而不断之间，这也就是所谓的"往复"。

往复，不是单纯的回归或循环，而是往而不往、复而不复，如魏禧所谓："文之感慨痛快驰骤者，必须往而复还。往而不还，则势直气泄，语尽味止。往而复还，则生顾盼，此呜咽顿挫所从出也。"

这种关系，是跟"起、承、转、合"的整体结构要求一致的。整个文势，借着转的力道，形成波澜。但转而复合，合而已转，这就有了顿挫。整体的结构，要有往复回环之波澜顿挫，局部的纹理亦然，故方东树一再强调："将军欲以巧伏人，盘马弯弓惜不发。"

假如我们说细部批评的主要工作，就在解析作品内部这种各式各样的往复顿挫关系；或者说，细部批评主要是运用这一观念来进行实际批评，恐怕并不太错。像包世臣《艺舟双楫·文谱》中所说"行文之法，又有奇偶、疾徐、垫拽、繁复、顺逆、集散，不明此六者，则于古人之文，无以测其意之所至"云云，凡数千字。说得如此郑重，而此六者即无一非此种往复顿挫关系。

在各类评注批点之中，我们到处可以看到他们以主客、体用、本末、上下、正反、根枝、明暗、分合、虚实、开合、显隐、抑扬、顿挫、轻重、冷热、照应、徐疾、顺逆、动静等一组组对词讨论文章之匠心。

这些对举词，似乎最能说明中国人或这些批评家们心目中的文章内部关系。叶燮《原诗》曾说：

> 陈熟、生新，二者于义为对待。对待之义，自太极生两仪以后，无事无物不然。日月、寒暑、昼夜，以及人事之万有：生死、贵贱、贫富、高卑、上下、长短、远近、新旧、大小、香臭、深浅、明暗，种种两端，不可枚举。大约对待之两端，各有美有恶，非美恶有所偏于一者也。其间唯生死、贵贱，贫富、香臭，人皆美生而恶死，美香而恶臭，美富贵而恶贫贱。然逄、比之尽忠，死何尝不美？江总之白首，生何尝不恶？幽兰得粪而肥，臭以成美；海木生香则萎，香反为恶。富贵有时而可恶，贫贱有时而见美，尤易以明。即庄生所云"其成也毁，其毁也成"之义。对待之美恶，果有常主乎？生熟、新旧二义，以凡事物参之：器用以商、周为宝，是旧胜新；美人以新知为佳，是新胜旧；肉食以熟为美者也；果食以生为美者也；反是则两恶。推之诗独不然

乎……论文亦有顺逆二义，并可与此参观发明矣。

顺逆，亦是往复，是对待之义，是虽两端而非对立。它们跟西方哲学中不断强调的二元对立思考迥然不同。二元对立是以存在与非存在、内在与外在、物自身与符号、本质与物象、声音与文字、理性与疯狂、中心与边际、表面与深层等架构出的系统来解释世界，并强调前者的优越性。这里则表现了一个多向度的对偶结构，而且对偶之间存在着和谐化辩证的关系。

细部批评特别喜好用这些对偶词来解说文章内部交错复杂的关联，显然意味着他们基本上是认为文章各部门均有其作用，而整篇文章又互摄互补、平衡对举地构成一以功能为纲的有机整体，如一活物。

这种对文学作品的基本看法，是中国人普遍具有的，但细部批评实际地在作品各个部分指明了这种对偶往复的关系，并以其拟象喻示及对"起承转合"、抑扬顿挫的重视，显现了它的批评特色。而且，从宋朝到清朝，批评家的文学观固然彼此颇有差异，这种批评手法大体却是一致的。

（二）法须活法

但是，细部批评虽然把文章看成是个活物，用象喻、起承转合及抑扬顿挫等对偶结构来说明其复杂的内部关联，可是它既已运用了这些批评框架，便不太可能仍保持文章的活泼性，其中必有某种程度的割裂损伤了文章一体浑圆的完整性。

用细部批评法批阅文章，指出其中各种为文法则、建立各种条例，使细部批评带有很浓的规范性和指导性意味。但是，法的规范性往往蕴含着法对人之创造性的桎梏。文无定法，文学创作本来就常冲破法的规范，另建新法。所以为了避免论法而伤及文章的完整活泼、避免桎梏作家，细部批评必然会面临反对者苛酷的攻击。

这种攻击，几乎毫无例外地，都是肯定其论法之指导性、规范性，具有一定的价值；但又希望能超越这一层，而消解其法的限制、注意法的割裂与框套，由定法走向活法。

这就是法的辩证性，叶燮《原诗·内篇（下）》大骂：

> 所谓诗之法，得毋平平仄仄之拈乎？村塾中曾读《千家诗》者，亦不屑言之。若更有进，必将曰：律诗必首句如何起，三四如何承，五六如何接，末句如何结；古诗要照应、要起伏。析之为句法，总之为章法。此三家村词伯相传久矣，不可谓称诗者独得之秘也。若舍此两端，而谓作诗另有法，法在神明之中，功力之外。

他说的就是活法。细部批评必为通人所窃笑，一点也不错。但这无妨。细部批评本来就是讲法的，它要找出诗文针缕脉络，细问其章法、句法、字法之经营，并示后人以创作之模范。所以论法即不免郑重、不免严格。郑重，是因为法必须尊重，是因为这些法透露了文章的奥秘，故"珍重授受，不轻以示人"。严格，是因为法必须遵守，不严格怎能称之为法？

因为法具有这种规范性，且能具体说明文章之奥妙，所以解说文法的细部批评才每每具有指导性，可为初学示法。换句话说，细部批评并非因起源于蒙学塾课，故有指导后学之意味；而是由于法的规范性使得它具有开示指引后学的性质，遂在形态上接近蒙学塾课，而为高明者所攻击罢了。

但法是辩证的，法的规范性本身，其实往往就蕴含了对于严格性的消解。例如方东树，一方面强调法的规范意义；一方面却又说"古人不可及，只是文法高妙，无定而有定，不可执着，不可告语，妙运从心，随手多变"。这就是法而无法的活法了。连金圣叹那样僵化机械地讲法，也要说"天分高，则能眼看八句五十六字中间虚空之处；心地厚，则能推原八句五十六字都无一字之前"，以虚空、无，去化解法的执着与字句的黏滞。

一切细部批评，大概都可从这个辩证关系来理解：它们既以命名释题，分别段落，分析章法、句法、字法及论起承转合的方式，致力于诗文之法的指明；又常花费极多的篇幅在赞叹诗文的神妙不测、变化迷离。批评者则因为它们论法，而虑其有缠缚执溺之病；但也因为它们之论法，毕竟不能不承认它们还是有作用、有需要的。

（三）美在空虚

虽极力讲明文法，其审美判断却是要从有法走向无法。所以在这些批评家心目中，法度谨严的作品只是一般之作，要能飞腾变化、神妙不测，才能算得上是佳构。方东树云："徒讲义法，而不解精神气脉，则于古人之妙，终未有领会悟入处。"如何才能奇妙呢？无他，"空"之而已、"无"之而已。曾国藩《求阙斋日记》论文九则："奇辞大句，须得瑰玮飞腾之气，驱之以行。凡堆重处，皆化为空虚，乃能为大篇，所谓气力有余于文之外也。"

所谓化为空虚，不只是作大篇须如此，空虚空灵似乎已成为文章超妙的条件，故袁枚说："严冬友云：'凡诗文妙处，全在于空，譬如一室内，人之所游焉息者，皆空处也。若室而塞之，虽金玉满堂，而无安放此身处，又安见富贵之乐耶？钟不空则哑矣，耳不空则聋矣。'"这种态度，与细部批评之走向空无，有审美意识上的一致性。

如金圣叹批《水浒传》也提及倒插法、大落墨法、绵针泥刺法、背面敷粉法、弄引法、獭尾法、正犯法、略犯法、极省法、极不省法、欲合故纵法、横云断山法、鸾胶续弦法等。然而，他又说："万万年来，天无日无云，然决无今日云与某日云曾同之事，何也？云只是山川所出之气，升到空中，却遭微风，荡作缕缕。既是风无成心，便是云无定规。都是互不相知，便乃偶尔如此。《西厢记》正然，并无成心与定规。无非此日佳日闲窗，妙腕良笔，忽然无端，如风荡云。"

也就是说，一切文心与手法，均是当机偶得的。即使是同一位作者，在不同的时机触发中，也会有不同的写法。这就保住了法的活泼性，消解了法的规范与拘执。整部金批《西厢记》，便归结于章无章法、句无句法、字无字法，甚至笔墨都停，空无一字处。

> 最前《惊艳》一篇谓之生，最后《哭宴》一篇为之扫。盖《惊艳》以前无有《西厢》。无有《西厢》，则是太虚空也。若《哭宴》以后亦复无有《西厢》。无有《西厢》，则仍太虚空也。此其最大之章法也。

这便是张生草桥惊梦之情景：

> 将门儿推开看，只见一天露气，满地霜华，晓星初上，残月犹明。

西厢佳会，俱如梦幻：

> 何处得有《西厢》一十五章所谓《惊艳》《借厢》《酬韵》《闹斋》《寺警》《请宴》《赖婚》《听琴》《前候》《闹简》《赖简》《后候》《酬简》《拷艳》《哭宴》等事哉？

这既消解了对境的执着，同时也消解了对"文"的执着。推而广之，又是消解了一切对人生的执着。因为看文章时以为真有其事者，原来只是幻构，则焉知人生不也是如此一场大梦？

人生如梦的空虚感一旦激起，批者整个批书的活动，便落在一苍茫浩荡的人生悲感之中，前不见古人，后不见来者，独怆然而涕下。金圣叹序一曰"恸哭古人"，序二曰"留赠后人"。

恸哭古人者，是了悟到天地间一切皆将如水逝云卷，俱归泯灭，现在所有者只是暂时偶存。我的生命存在及一切作为，亦将顷刻尽去。所以我既幸而暂得有此生命，又对生命及一切作为之终将消逝感到无可奈何。而就在我现在无可奈何之际，便想到古人从前也是如此无可奈何的。"嗟呼！嗟呼！我真不知何处为九原，云何起古人。如使真有九原，真起古人，岂不同此一副眼泪，同欲失声大哭乎哉？"批书的行动，就是在这无可奈何与恸哭中的一种消遣，所谓"不为无益之事，何以遣有涯之生"。

至于留赠后人，是说古人不见我，后人也不见我，但我现在思古人，后人应当也会思我，这是历史苍茫之中的一点真情，故批书便是留赠后人以酬其思我之情。前者聊以消遣，后者用存慰藉。此即细部批评者的历史意识。

而在此人生空虚性的理解上，对文章的品鉴自然也就要求有一空灵虚活之美。"凡用佛殿、僧院、厨房、法堂、钟楼、洞房、宝塔、回廊无数字，都是虚字。又用罗汉、菩萨、圣贤无数字，又都是虚字。相其眼觑何处，手写何处，盖《左传》每用此法。""四句不意乃是一句，四句一十六字，不意乃是一字，正是异样空灵排宕之笔。然后谛信自至古今无限妙文，必无一字是实写。"不实写、用虚字，都是指文章要以其幻构想象趋于虚灵超妙，达到林云铭所说：为"镜花水月之妙笔"的境界。

（四）眼照古人

在这种历史意识与审美意识中形成的批评意识，无疑也是极为特殊的。

由于在历史的苍茫虚幻中，前不见古人，后不见来者，故作者虽写古人，写的其实只是自己；评者所读所评，虽是古人之文，其实也仍然只是自作消遣，如美人照镜，既是看"她"，也是看自己。金圣叹常用"眼照古人"一词，这个"照"字，实有深意。

他说："古人实未曾有其事也，乃至古亦实未曾有其人也。即使古或曾有其人，古人或曾有其事，而彼古人既未尝知十百千年之后，乃当有我将与写之，而因以告我；我又无从排神御气，上追至十百千年之前，问于古人。然则今日提笔而曲曲所写，盖皆我自欲写，而与古人无与。"故作者乃是"巧借古之人之事以自传"。评者、读者亦是自作消遣。这便使其批评表面上虽属客观分析的路子，骨子里却强调读者。把阅读视为读者的创作，不同的读者，手眼不同，读出的东西便不一样。

《水浒传》中鲁智深火烧瓦官寺。金圣叹先感叹施耐庵写瓦官，千载之人莫不尽见有瓦官；忽然而写瓦官被烧，千载之人读之又莫不尽见瓦官被烧，可见一切皆文字起造，荡然虚空，山河如梦。接着他便领悟到：

> 呜呼！以大雄氏之书，而与凡夫读之，则谓香风菱花之句，可入诗料。以北《西厢》之语而与圣人读之，则谓"临去秋波"之曲可悟重玄。夫人之贤与不肖，其用意之相去既有如此之别，然则如耐庵之书，亦顾其读之之人何如矣。夫耐庵则又安辩其是稗官，安辩其是菩萨现稗官耶？

读者用意不同，所见自异，作品本身亦无客观性可说，全看读者的用意如何而定。因此在这里，细部批评便提出了意逆的方法，如王嗣奭云："臆，意也，以意逆志，孟子读诗法也。诵其诗、论其世，而逆以意。"这种意逆，本是臆测，故作者未必然，而读者又何必不然。读者本身的眼光及批评手法，便显得十分重要了。

金圣叹把这种眼光称为别才、别眼或灵眼。具此法眼，论文自与庸手不同。而且这种法眼无法假借，乃是读者自己的眼，所以又要每个读者自己去做批评，去发挥其私臆。细部批评本身所展示的、所说明的，只是批评家的一种示例而已，重要的还是读者自己的阅读与批评活动，故林云铭说："读是编不妨先取坊本阅过，有不能解了者，阅此更觉会心，尤能自出议论，可以别读他文。"姚鼐在《与陈硕士书》中也说："文家之事，大似禅悟：观人评论圈点，皆是借径；一旦豁然有得，呵佛骂祖，无不可者。"

这种别眼，固然为中国一般文学评论所强调。但细部批评之所以为细部批评，即在于他们往往认为：如果文章小地方的好处都看不到，那大处就更不用谈了。他们经常如上文所举恽敬《答姚来卿书》那样，从一两个字申论文章的奥妙。金圣叹对这种情形说得很清楚：

> 彼不能知一篱一犬之奇妙者，必彼所见之洞天福地，皆适得其不奇不妙者也。盖圣叹平日与其友斫山论游之法如此。……
>
> 斫山云："千载以来，独有宣圣是第一善游人，其次则数王羲之。"……"宣圣，吾深感其'食不厌精，脍不厌细'之二言；……""王羲之若闲居家中，必就庭花逐枝逐朵细数其须。"
>
> ……然则如顷所云：一水、一村、一桥、一树、一篱、一犬，无不奇奇妙妙，又秀又皱，又透又瘦，不必定至于洞天福地，而始有奇妙。

这种"游心于小"的态度，令人联想起英国《精审》

季刊（*Scrutiny*）所揭示的理想及汤普森的《字里行间》（*Between the Lines*）。

但它与新批评毕竟是不同的。在以意逆志的办法下，细部批评的注目小处，基本形态仍是主客合一：一方面要窥作者之用心；另一方面则说是自看，是抒读者之见解。

就前者说，窥作者之用心倒不是追究作者的原意，而只是观察他如何写，不问他为何写，故与历史考证索隐迥然不同。就后者说，则作品非先验的存在，而是经读者想象力重建的美学客体，跟新批评视作品为一封闭而客观的整体语言结构之态度亦复大异。

因此，细部批评的批评过程，应该是一种"心心相印"的历程。金圣叹批杜，强调"不是武断古人文字，务宜虚心平气，仰观俯察，待之以敬，行之以忠，设使有一丝毫不出于古人之心田者，矢死不可以搀入也"，杨伦《杜诗镜铨·凡例》也说："孟子说诗贵于以意逆志，但通前后数十卷参观，自能见作者立言之意。……拙解不为苟同，亦不喜立异，平心静气，唯期语语求其着落。"他们一再提醒批阅者"最忌先有成见横于胸中"，"在善读者会心"，要虚心静气地去体会古人文字。以我之心，会古人之心，此即所谓心心相印。

但既然是以我之意逆古人之志、以我之心察古人之心，又怎能保证批评不是主观的呢？这就是他们强调要虚心的缘故了。然而，何以虚心忠敬即能与古人心志印合呢？此即不能不预取一哲学的立场，那就是中国传统哲学中普遍肯定的：心的普遍性。

每个人的心，既是个别的，又是普遍的。中国人相信某些东西是可以"得人心所同然"。所以作者写一作品，固然是他个人的创作，却也是写出了大家普遍的想法："想来姓王字实甫此一人亦安能造《西厢记》？他亦只是平心敛气向天下人心里偷取出来。""世间妙文，原是天下万世人人心里公共之宝，决不是此一人自己文集。"

同理，读者看一作者所写之文，亦如同看一自己作的作品一般，如我口之所欲言。故读书既是看他，又是自看。

如此，批评才能成为一种"赏心"之事。李卓吾《初潭集》自序"读而喜，喜而复合，赏心悦目，于是焉在矣。……呜呼何代无人，特恨无识人者；何世希音，特恨无赏音者"云云，便在强调赏音与识人皆需特别的眼光能力之外，点出了读者阅读时那种"快然自足"的特点。一如《杜诗镜铨·序》说：评解的工作，是"欲令后之读诗者，深思而自得之"。所有的批评都是在自得的情况下做出来的，故《杜臆》者，臆杜也，我读杜而臆其大概如此也。《读杜诗说》者，我读杜，因而有说也。读者也即因读我之臆说而可能自得其臆见。

这么一来，批评者虽自许为知言、赏音，其实是闻弦歌而知雅意，只不过此意并非追溯作者之原意，乃是在"发明"作意而已。作者未必然，读者何必不然在此，便无"内在批评""外在批评"之分,知人论世与以意逆志是混合滚动为一体的。是作者之意,又不必为作者之意。

这样的批评立场,跟"新批评"全然不同。对作品的看法、对人性的哲学观点、对批评的功能,三者意见都不一样。唯一相似的,只是双方都强调了文字,都努力地评析作品的语言构造。但这种相似也是表面的。新批评的分析架构,在修辞方面,侧重文句的紧密性、暧昧性、复杂度、讲反讽、讲矛盾语;在情节与结构上,讲究"起—中—结"的集中于一个焦点的统一性,均与其悲剧传统有密切的关系。其跟细部批评一般所惯用的"起承转合""顿挫往复"之说,亦根本大异。游心于小的审美态度,更是山水画式的多焦点移动,与山水画所追求的浑灏流转之美一致,而远于新批评。

当然,这样的比较可能毫无意义,因为新批评的兴起具有一文学策略的目的,旨在反抗印象批评与历史主义,对西方传统必须有选择性地抑扬。细部批评则不具有这样的意义,它不是一项具体的文学主张,只是一种批评方法,故许多作家、批评家均可使用这一方法,这一方法基本上也广泛参考吸收或反映了中国文学批评的一般意见。故二者根本无法比较。现在勉强拿来度长挈短,只是因为在过去曾有人将细部批评拟为形式批评,不得不顺着这批评史的发展,顺便处理这一问题罢了。

推荐梁启超的《作文入门》

梁先生这本书，包含两大部分，一是1922年在东南大学讲的《中学以上作文教学法》，一是同年在清华讲的《中国韵文里头所表现的情感》。

二文题目相关，且一谈散体一谈韵文，既互补又呼应，因此历来都并在一块儿看。例如卫士生、束世澄听梁启超讲课，根据听课笔记整理的《中学以上作文教学法》前面那一篇的序文中便特别提醒读者：必须参考梁先生后面那一篇。

这两篇讲稿，主要是教人读文章、写文章，同时还告诉人如何教学生写作文。因为无论什么文，学生会不会作，跟教师会不会教都有绝对的关系。梁先生此书最精彩处，或即在此。

教材该怎么选、怎么编；教时该怎么分期分类；应如何整理学生的思想；如何令其分组阅读，读了讨论；如何命题；如何指导学生准备；乃至他主张少作，一学期只要好好作两三篇；老师也不必修润文字，只要详改其思路与结构等，我都以为是真知灼见。至今大家仍然不太会作文，大中小学里仍不会教文学，就是不听梁先生意见的结果。

目前大多语文课本，都是东一篇西一篇，缺乏文学的条理。学生写作文，教师更是毫无指导，只规定他拼命写；写完，负责的教师还改改文句，否则给个评语了事，或竟交由学生互相订正。我昔年打工，就曾长期替一些先生改他们学生的作文卷。试想，卷子都请人代批了，又如何会用心指导学生写作呢？

因此，像梁先生这样的大学者大文豪，而竟关心此事，勤恳讲说，我以为甚是可敬，所讲至今亦不过时。非唯不过时，还恰好符合时代之需。

这本书的两个演讲稿，也可以看成是梁先生现身说法。看他教我们怎样读诗，看奔迸的表情法和回荡的、蕴藉的有何不同，回荡的表情又有螺旋式、引曼式、堆垒式、吞咽式等种种不同，实在是种享受。

梁先生自少年起，便以文字动天下，1922 年胡适作《谁是中国今日的十二个大人物》，还曾将梁先生列为"影响近二十年的全国青年思想的人"。梁先生对青年的影响，即由于其文章。论者形容其笔锋常带感情，文字具有魔力。

这样的文章如何写成？梁先生金针度人，奥妙就都在这

249

里了。

梁先生是有多方学术兴趣的人，治学方面极广，忽然关心起中学作文教育，似不足怪。但促使他讲或写这个题目，却别有因缘，不可不知。

在 1921 年 10 月，第七届"全国教育会联合会"通过了一个新学制草案。由于是新制，所以随后就引起了国文教学界的争论。

梁先生在演讲中提到：对于国文应该教白话抑或文言，南北两大学颇生争端，即属其中之一例。梁先生不但关心此事，而且他与友人合办的《改造》杂志，即于 1922 年 3 月第四卷七号上开始连续刊登一则"中华书局新小中学教科书征求意见及教材"的广告，征稿缘起明言"新学制案大体已具，教科用书自应改革"，故"中学国文应如何编制？语体、文体如何分配？"就是他们思考的重点之一。

以梁先生和中华书局、《改造》杂志深厚的关系，此等事，纵非梁先生主导，亦必参与议论。因梁先生在东南大学演讲，也就在这个时候，其讲稿则发表于《改造》第四卷九号。

后来稿子一由中华书局在 1925 年出版，也就是现在这本《中学以上作文教学法》，一经修改增补后收入《饮冰室合集》，改题《作文教学法》，1936 年出版。《饮冰室合集》中，其实还有另一篇《为什么要注重叙事文字》，但只是未竟之草，且未署年月，估计也该是这一时期所作。

当时梁先生也不只在东南大学讲这样的题目。依他给束世澄等人的信上说，1924 年北京师范大学也邀他开过此课。此外，修改增补的《作文教学法》是 1922 年 7 月在南开大学讲的。

上这些课，大抵是同一本讲义，但据梁先生 1922 年 7 月 24 日与徐佛苏的信上说："弟现时预备讲义夜以继日（每日两时以上之讲义，穷一日之力编之，仅敷用，尚须别备南中所讲）"，可知梁先生备课极为认真，而且在各校所讲并不一致，不是一本讲义说到底的。

依梁实秋先生回忆，梁先生演讲时，会在笔写的讲稿外随时引证许多作品。可见梁先生既非一稿通用，亦非照本宣科。

梁实秋先生的回忆文章，写得十分精彩。本来在梁启超过世时，徐志摩便准备在《新月》杂志编一纪念专号，胡适、闻一多、陈纪滢、梁实秋等人都答应供稿。可惜后来不知何故，专号没编成，各人也都未写出文章。梁实秋到了台湾后，暮年追味清华园旧事，才补记了梁任公这场韵文如何表现感情的演讲，把梁先生演讲时的神情、趣味以及强烈感人之状态都写出来了。

记梁先生演讲的，还有梁容若《梁任公先生印象记》，说的是他在北师大讲"国文教学法"的事。两相对照，可知梁先生演说是极其动人的，惜乎斯人已逝，今已不能听闻，只能由讲稿上仿佛遇之。

梁实秋说：听梁启超演讲和读他讲稿之不同，犹如看戏和读剧本。这话一点儿也不错。但没有剧本又如何演戏？好的演出，固赖演员之功力，然好剧本亦必不可无。此所以梁先生编讲义才需如此费心也。

在梁先生讲作文教学法之际，因是时代话题热点及现实所需，故从事者颇不乏人，著名的还有陈望道《作文法讲义》。1921年9月，《作文法讲义》在《民国日报》副刊《觉悟》连载，次年3月于上海民智书局出版。夏丏尊《文章作法》亦脱稿于1922年，1926年在上海开明书店出版。

这些也都是很有价值的著作，对教作文写作都很有裨益。但拿来跟梁先生比较，就会发现有两个大差异：

一是当时这些著作为了速成以应社会之需，大抵均如夏先生自己说的"内容取材于日本同性质的书籍者殊不少"（见自序），缺乏原创性，或原创性不如梁先生高。所以像陈氏书和夏氏书，对文章类别的划分就相当一致。梁先生则无论是总体架构或个别举例，都是自己创构的，可说是独出心裁，因此格外可贵。编讲义耗神，这是主要原因。

另一重大不同，是陈氏、夏氏的书教授作文法均以白话文为主，对尔后像开明书店编的国文课本影响很大；梁先生则"主张中学以上国文科以文言为主"，所以举例和讲解都针对文言文。

梁先生并不反对白话文，且认为高小以下要教白话文；但中学以上便应以文言为主，参讲白话。至于写作，则是文白都可的。

原因很多，他说"因为文言有几千年的历史，有很多很好的文字，教的人很容易选得，白话文还没有试验得十分完好"，是其一；文之好坏，和白话文言无关，是其二。

也就是说，好文章，都有一定的理则，如设想好、结构好、修辞好，不论文言或白话，都可以是好文章。若设想平庸、结构软沓，无论白话或文言也都不会是好文章，这些理由皆是就文论文而说的，若再加上文言的历史性，那就更明确了。

文言文因它的历史性而显得古老，今人生畏，不敢亲近，以为它与现时世界无关，是它的弱点。但这同时也就是它的优点。我们读一篇《岳阳楼记》，除了赏其文理辞采之外，同时也会令我们得着历史知识与情感的体会，那是读白话文所不能获致的。

像梁先生的书，讲《诗经》《楚辞》如何表情，《左传》《史记》如何叙事，虽然只说作法，但经由他一分析，我们便恍然大悟古人文章之妙，一种文化情感、历史体会就自然蕴生于胸中，觉得历史文化深邃而可亲。梁先生的书也因此不只是一本谈作文技巧的书，而上升为一本文化书，在向我们讲述中国文化之美。这跟他选材于文言及古诗辞，难道没有关系吗？

可是在梁先生以前，讲文言文作法的书多得是，为什么那些书又没有梁先生这部讲稿的效果呢？且不说明清时期教文作文的《文章指南》一类书当时还普遍在市面上流通，就是民国初年桐城派姚永朴在北大的讲义《文学研究法》二十五篇，或林纾的《韩柳文研究法》等，也都是讲古代名篇的。

梁先生谈写作文教作文，却皆不依傍这些传统的诗词文话，自具机杼，所以有组织有条理，充满了新意，让新时代人看了，只觉毫无陈腐气。

例如他开宗明义就说文章的作用，是要把自己的思想传达给别人。依此定义，再分两头。首先是自己的思想部分，有两个要素：一要有内容，二要有条理。这似乎是桐城派的"言有物"与"言有序"之说，但是桐城只就文章讲，梁先生却就思想说，以见文章的条理本于思想的条理，且是在一个新的论理架构中讲。

所以接下来说思想要传达给别人，也有两个条件：一要说得出，二要令人懂。

再次，则说文章种类。文章种类，从《文选》以来，讨论的人大分特分，分成了几十上百种文类，梁先生却从思路分，只有两类：一是吸收客观事物成我思想内容的记述闻见之文，二是发表我主观见解的论辩文。底下再分别论之。

如此，纲举目张，简洁明锐，读之不唯可知作文观文之法，亦可知思维方法。反观姚永朴的《文学研究法》还在讲刚柔、奇正，还在以神、气、势、骨、机、理、意、识、脉、声配阳；以味、韵、格、态、情、法、词、度、界、色配阴，且自诩为口诀秘传者，真是相去不可以道里计。

在记述文和论辩文两大类中，梁先生前者谈得较多，后者较简，大约是因讲演时间不够使然。但对比梁先生另一篇《为什么要注重叙事文字》，便可知道先生对中学教作文而不重记叙，只偏论理是极不满的，认为八股科举时代就重论说，论得好的就奖励，结果学生腹笥空洞，信口评论，养成轻率刻薄、不负责任等毛病，反不若练习记叙文可培养观察分析、客观记录之能力，塑造健全之人格。

看来，梁先生不仅要教作文，还希望借此教学生做人呢！